写给中国儿童的名

宇宙之王 霍金

张芳◎主编

河北师范大学出版社

写给中国儿童的名人传记故事

前言

名人故事是名人一生经历的总结，可以点燃孩子心中的激情与梦想。许多伟大的历史人物，在青少年时期，确定自己的人生目标的时候，都曾经从名人身上寻找榜样，汲取动力。孩子在阅读名人故事的过程中，可以从名人身上吸取成功的经验，学习他们为获得成功养成的良好品质，以及面对困难时的积极、乐观的态度，以及刻苦努力、坚持不懈的精神，从而少走弯路，不断走向成功。

为此，我们特邀众多国内权威教育专家与一线教育工作者一起编写了这套《写给中国儿童的名人励志故事》。这套书精选了爱因斯坦、牛顿、贝多芬、居里夫人、富兰克林、爱迪生、霍金、诺贝尔、乔布斯和比尔·盖茨共十位极具代表性的国外名人，用生动、优美的语言详略得当地讲述了他们奋斗的一生。霍金虽身患重病但依然坚持科学研究、贝多芬不向命运低头、比

尔·盖茨用软件改变世界……孩子在这些名人故事中可以领略到不同行业的风景，获得人生智慧，感受名人魅力。

这套书不是简单地堆砌名人材料，而是选取他们富有代表性或趣味性的故事，以点带面，从而折射出他们波澜壮阔、充满传奇的人生和多姿多彩、各具特点的个性。另外，我们在每个章节后面，都设置了一个"成长加油站"，将名人故事与孩子成长过程结合起来，从而使孩子收获成长的养分；而"延伸思考"版块则根据章节内容，向读者提问一到两个问题，引导孩子深入思考，获得启发。

希望在这些名人的陪伴下，我们的小读者能够不断茁壮、健康地成长，成为一个对国家和社会有益的人！

目 录

第一章　战火中降生…………………………1

第二章　热爱大自然…………………………7

第三章　少年"爱因斯坦"……………………16

第四章　设计游戏的专家……………………23

第五章　计算机设计高手……………………27

第六章　牛津大学的赛艇舵手………………31

第七章　独特的物理学天赋…………………36

第八章　特立独行的行事作风………………40

第九章　突发疾病传噩耗……………………46

第十章　挑战天文界权威……………………52

第十一章　摘取剑桥博士桂冠………………58

第十二章　患难夫妻终分手…………………64

第十三章　"霍金辐射"艰难问世……………70

第十四章　再次掉进"婚姻的黑洞"……………………77

第十五章　霍金的三次中国之行……………………83

第十六章　从学者到影视娱乐明星…………………90

第十七章　霍金的黑洞理论……………………………95

第十八章　科普读物《时间简史》………………… 101

第十九章　探索外星生命…………………………… 110

第二十章　霍金的科学预言………………………… 116

第一章　战火中降生

1642年1月8日，伟大的科学家伽利略去世了。300年后的同一天，即1942年1月8日，英国牛津的一家医院发出一声婴儿的哭啼，斯蒂芬·威廉·霍金出生了。

霍金是他的父亲弗兰克和母亲伊莎贝尔的第一个孩子，他俩沉浸在幸福之中。他们并没有想到他们怀抱中的孩子将来能够取得与伽利略相同的成就，成为另一位伟大的科学家。

1942年，世界处于黑暗中，第二次世界大战仍在继续。面对如此混乱战争的世界，弗兰克和伊莎贝尔希望他们的孩子能够安全地来到这个世界。因此，在霍金出生前一周，伊莎贝尔离开伦敦前往牛津待产。

当时，德国为了保护哥根廷和海德堡免受战争践踏，曾与英国签订盟约，不会轰炸英国的牛津和剑桥——两国都想要保护各自的文化古镇。因此，对于英国人来说，牛津和剑桥就成了战争中的避难所。

然而，一切并不是很顺利。因为伊莎贝尔她将要分娩，

所以酒店不接受她入住，无奈之下，她来到医院，开始在医院待产。

霍金平安降生了。在霍金出生后的第14天，弗兰克和伊莎贝尔回到了海格特。这是一个靠近伦敦的地方，到处都是废墟，甚至还有天空中掉落的飞机残骸。

霍金的家是海格特常见的维多利亚式房屋。它是在战争期间建造的，因为靠近伦敦，所以总是有遭到轰炸的危险，因此价格非常便宜。

童年的霍金

1944年的一天，霍金两岁，伊莎贝尔带着他和他的妹妹去拜访霍金的姑妈，弗兰克留在家里。中午，一枚V-2火箭落在他们隔壁的几所房子里。幸运的是，霍金家的房子没有受到太大损坏，弗兰克没有受伤。

霍金回到家中，他看到熟悉的场景变成了废墟，路边被炸了一个大坑。那时，霍金并不了解战争带来的痛苦。小时候，他在被炸弹轰炸的大坑里找到了乐趣。大坑成了他和邻居小朋友玩游戏比赛的地方，他们经常在大坑里玩耍。

霍金的家庭是个书香门第，在19世纪初，霍金家族的祖先成了德文郡公爵的管家，后来在德文郡也有了自己的住所。

霍金的祖父成了农场主，但在第一次世界大战之后，经济萧条席卷全球，他的农场破产了。那时，霍金的祖父和祖母有五个孩子，家庭开销较大。幸运的是，霍金的祖母也有一处房产。她还创办了一所足以维持家庭生活的学校。

面对贫困，霍金的祖父母并不像普通人那样急于摆脱贫困，他们更关心孩子的教育。在他们看来，如果孩子能够接受良好的教育，作为父母，无论多么辛苦地工作都是值得的。

霍金的父亲在他的祖父母的影响下努力学习，并以优异的成绩考入牛津大学。祖母经常将学校的收入寄给在不同地方学习的子女们，而弗兰克也非常节俭，经常将省下的钱寄回家。弗兰克在牛津大学学习医学，专攻热带医学。

第二次世界大战爆发时，弗兰克正在东非研究当地的地方病。这时，英国陷入困境，弗兰克怀着爱国的心，决定立即回国，为国家尽职尽责。他越过非洲大陆，然后乘船回到英国，并申请加入军队，要求前往前线。然而，国家有关部门告诉他，他的医学知识和医学研究对国家的医学研究更有用，所以弗兰克进入了医学研究所。

霍金的母亲出生在苏格兰的格拉斯哥。她的父亲是一名医生，家里有七个兄弟姐妹。可以说伊莎贝尔的家庭并不富裕。这样的一个家庭，如果父母不努力工作，就很难支付孩子的大学费用。那时，接受高等教育的机会很少，特别是

女孩。邻居经常建议伊莎贝尔的父母与其支付伊莎贝尔的学费，不如尽快给她准备嫁妆让她嫁人。

但"再穷不能穷教育"，就像弗兰克的父母一样，伊莎贝尔的父母也非常关心孩子的教育，他们坚持认为伊莎贝尔能进入牛津大学，并支持她顺利完成学业。伊莎贝尔学习研究哲学、政治和经济，并成了这些领域的著名学者。从牛津大学毕业后，伊莎贝尔做了很多工作，首先是税务检查员，但她一直不喜欢这份工作。后来，她去了医学研究所担任秘书。伊莎贝尔非常喜欢这份工作，正是因为这份工作，她才认识了她的丈夫——弗兰克。

两人都是热爱科学研究的知识分子，爱的火花很快就点燃了。感情升温后，弗兰克和伊莎贝尔走进婚姻殿堂，定居在伦敦北郊的海格特。

霍金出生一年半后，弗兰克和伊莎贝尔又添了一位名叫玛丽的小女孩。因为玛丽和霍金年龄差不多，所以两兄妹总是吵架。对于这两个可爱且爱吵架的孩子，弗兰克和伊莎贝尔只是微笑着摇了摇头，等他们长大后，他们会懂事的。

当霍金两岁半的时候，父母认为这个时候他应该接触社交活动了。于是，他们把霍金送到了海格特拜伦宫的托儿所，这里的小朋友都在玩各式各样的玩具，彼此之间有说有笑。霍金刚来到这儿，面对一个完全陌生的环境，顿时号啕大哭起来。父母显得有些不知所措，尽力安抚霍金，但小霍

第一章　战火中降生

金倒在母亲怀里哭得更凶了。父母没有办法，只能带着他离开托儿所。直到霍金四岁的时候，他们都没有再把霍金送到托儿所去。

当霍金五岁的时候，父母又给霍金添了一个妹妹，小妹妹名叫菲利帕。霍金很喜欢这个小妹妹，在菲利帕还没有出生的时候，霍金就开始期待了。他要做个好哥哥，照顾好两个妹妹。

弗兰克和伊莎贝尔夫妇都是知识分子，他们很注重孩子的文化修养。家中摆满了书，有很多书架，书的类别有科普、励志、医学、历史、小说及社科，简直是包罗万象。客厅中摆了三个书架，每个书架上都摆得满满的。对于霍金一家来说，书就是最宝贵的财富，也是整栋房子中最"值钱"的财产。

邻居们来霍金家做客的时候，往往也会感叹一番，霍金的姑妈说到这件事时也表示："这一家人真的非常喜欢读书，他们从来没有停止过读书。"

霍金和他的妹妹

除了平时多看书之外，每逢周末或节假日，霍金的父母常常带他们去博物馆，这也是令霍金非常高兴的事。父母懂得培养三个孩子各自的爱好，他们先把霍金带到科学博物

宇宙之王霍金

馆，然后把玛丽带到历史博物馆。最后，他们则陪着小女儿菲利帕参观艺术博物馆。三个孩子各有所好，弗兰克和伊莎贝尔根据他们的喜好因势利导，用这样潜移默化的方式培养他们的文化修养。

成长加油站

父母是孩子的第一任老师，也是对孩子影响最大的人生导师。从小生活在这种高级知识分子的家庭中，霍金所接触到的，所被灌输的思想都有着非同寻常的深度和意义。这也注定霍金自童年起，就与同龄的孩子有着某些特殊的区别。

延伸思考

1. 霍金出生于什么样的时代环境中？

2. 霍金的家庭氛围对他以后的成长产生哪些积极的影响？

第二章　热爱大自然

　　1947年，霍金已经五岁了，到了上小学的年龄。这时，父母在他两岁半时所考虑的社会交往问题似乎真的出现了。霍金没有同龄朋友，他甚至无法融入这个群体。

　　霍金讲话有点口吃，往往无法准确表达自己的想法。这让他的同学非常苦恼。很长一段时间内，没有人愿意和他说话。对于一个五岁的孩子来说，孤独很容易影响个性的发展。因为朋友的陪伴非常重要，霍金在心里仍然渴望与同学交流。

　　有一次，学校将举行一次运动会，老师鼓励学生参加跑步项目。霍金想要参加，但他知道自己跑得不快，所以他仍然对是否参加而犹豫不决。这时，老师开始鼓励大家："学生们，运动会重在参与，希望大家都报名参加。"

　　在老师的鼓励下，大家产生了兴趣并开始报名。受到同学们热情的感染，霍金非常乐意报名参加。

　　比赛那天，发令枪响起，每个人都在奋力前进。霍金也尽了最大的努力，但无论他怎么跑，还是远远落在后面。霍

金看着其他同学远去的背影,虽然他无法赶上他们,但他并没有放弃,咬牙坚持到底。

有一个名叫杰克的同学抱怨说:"斯蒂芬,你明知道自己跑得很慢还报名,这不是添乱吗?"在场的同学也嘲笑霍金。

当听到这样的抱怨时,霍金感到非常难过。一方面,他影响了大家的成绩;另一方面,虽然他尽了最大努力,但他无法得到理想的结果。这样想着,霍金的眼睛湿润了,他很伤心。

看到霍金难过的样子,老师走过去,拍着霍金的肩膀,对其他学生说:"同学们,你们不应该嘲笑斯蒂芬,你们知道吗?每个人都有跑步的潜力,只是斯蒂芬的潜力还没有发挥出来。以后,斯蒂芬一定跑得很快。"

学生们听到老师说所有人都有跑步的潜力,他们便也不再说什么。老师看着霍金,霍金低着头,怀疑老师所说的话,心想我将来真的可以跑得快吗?但有一件事的发生,使霍金的幼小心灵又一次受伤。

那天放学后,霍金和很多玩伴去了社区的小广场。他们经常在这里玩游戏,今天玩的游戏是老鹰抓小鸡。霍金非常乐意参加,可是他意外跌倒了,霍金被抓住了。

这时,有一个名叫安东尼的小伙伴指责霍金:"每次跑步,你总是那么笨!"

"他总是拉着每个人的后腿，我们不和他一起玩！"其他小朋友也责备霍金，他们都走开了。

这时候，霍金已经忘记了他跌倒时的痛苦，心里感到委屈和不满，眼泪哗哗地流了下来。

后来，霍金不再参与其他小伙伴的游戏了。他经常每天晚上蹲在窗前，看着在广场上玩耍的小朋友，他的眼里充满了羡慕。在课外活动中，霍金不仅很难融入集体中，而且在课堂上，霍金也遇到了一些问题。

一天，老师教学生们练习写字母。每个孩子都很兴奋，但霍金并不开心。

"看，斯蒂芬的字就像一条蚯蚓。"

"是的！他写的字非常难看。"

一句句嘲笑的话深深地刺痛了霍金幼小的心。他就像一个做错事的孩子，低着头，一颗脆弱的心再次受伤，泪水开始在眼眶中打转。

老师听到了吵闹声，赶紧走过来询问发生了什么事。顽皮的詹姆斯站起来说，"老师，看看斯蒂芬写的字母，太难看了！"

老师转过身，轻轻地拿起霍金的家庭作业书。他看到上面扭曲的字母，先皱起眉头，然后轻轻地问道："斯蒂芬，这些字是你写的吗？"

霍金轻轻地点了点头，有点抽泣地回答："是的，

老师。"

老师温柔地摸了摸霍金的头:"斯蒂芬,不要灰心,这不算难看,只要你经常练习,一定可以把字母写好的,要相信自己。"

霍金听到老师的话,心里好受些了,而后点了点头。

后来,尽管霍金一直在非常努力地练习,但他的书写却一直得不到改善,连老师都有些失去耐心了。

有一次作业收上去之后,老师私下找霍金谈话:"斯蒂芬,你有过认真地写字吗?"

被老师这样一问,霍金紧张得连话都说不出来了,只是点了点头。老师则叹了一口气:"好了,斯蒂芬,你先回去吧,学习要继续加油。"

霍金有些失落地回到了教室。老师心里想着,斯蒂芬其实是一个很认真的孩子,或许他是不够聪明吧。

不论是课上还是课下,霍金都表现得有些笨拙,所以很少有同学愿意和他玩耍。霍金就像被孤立在一个角落里,被所有的同学忽视了。

霍金的父母开始担心霍金在学校的情况,他的妈妈曾经提议与霍金的同学交谈,让他们更多地了解霍金,更多地与霍金沟通。但她被丈夫拦住了,弗兰克认为每个人都有自己的个性特征,没有必要特意去改变孩子的个性。

"斯蒂芬总是喜欢思考,他认为这是非常专注的。他似乎对外界的所有影响一无所知。那不是很好吗?"弗兰克说道。

"话虽如此,他仍然是一个孩子,他需要与外界沟通。斯蒂芬的性格已经有点孤僻。如果他继续这样做,我担心这对他的成长不利。"伊莎贝尔仍然担心。

弗兰克想了一下:"也许,我们可以看看他喜欢什么,然后试着让他接触他喜欢的东西,这将永远让他感觉良好,他的性格也会改变。"

虽然伊莎贝尔点了点头,但她仍然表达了她的另一个担忧:"但是现在,斯蒂芬不喜欢读书,不喜欢上学,怎么能培养他喜欢的东西?"

"他不喜欢它,证明这不是他想要的,不必过于担心,我们的斯蒂芬必定能够找到他所热爱的东西,并取得无限的成就,我相信他。"弗兰克非常明智地说。

当听到丈夫的话时,伊莎贝尔松了一口气:"是的,我们对斯蒂芬有信心。"

从这以后,霍金的父母不再干涉霍金的生活,不再试图帮助他解决遇到的问题,而是在某些方面鼓励他自己想办法解决。

如果要知道霍金喜欢什么,必须花更多的时间与他沟通。因此,他的母亲总是在睡觉前和霍金聊天,并询问今天他的学校发生了什么。

但是，霍金似乎并不喜欢谈论学校里的事情。他经常与母亲交谈的大部分内容都是他自己在公园里的经历。这让霍金的父母非常高兴，他们似乎看到了霍金感兴趣的东西。

"你在公园里看到了什么？"他的母亲温柔地问道。

"太棒了，妈妈！今天我不在学校，下雨了。我在公园的地上看到了很多蚂蚁。它们都拿着一些树叶或面包屑往家里搬。这时，一个蜻蜓飞过来，飞得很低，当我伸出手时我似乎要抓住它，它又飞高了，飞走了……"

霍金越说越兴奋，这次他根本就没有口吃。母亲对儿子的变化感到惊讶，也很欣慰，因为她似乎已经找到了霍金喜爱的东西——热爱大自然。

母亲进一步开导霍金："这真是太神奇了，斯蒂芬，你有没有想过要下雨了，蚂蚁为什么搬家呢？"听到这里，霍金停止了说话。"是的，蚂蚁为什么要这搬家呢？"看到霍金再次陷入困惑，母亲并没有打扰他。沉默片刻之后，霍金抬起头，对母亲说："妈妈，我怎么才能知道原因？"

母亲对霍金的好奇心和热情非常高兴，她轻声说道："最好去看书，自然界中有很多东西，你可以在书中找到答案。"

霍金的眼睛睁大了。"这是真的吗？书中真的有那些新奇的自然现象的答案吗？我必须弄清楚我在公园里看到的所有新奇事物！"想到这里，霍金的心里充满了喜悦，他似乎

第二章 热爱大自然

从未如此开心过。

就在这时,他依偎在母亲的怀里,睡着了。也许在他的梦中,他仍然可以看到搬家的蚂蚁和低飞的蜻蜓。

从此之后,霍金的父母就经常带着霍金和妹妹去公园玩耍。放学的时候,也会特意到公园转一圈儿再回家,让霍金尽情去观察公园中的一切。他们有时也会跟着霍金一起观察,有时会帮霍金发现一些在霍金眼中较为新奇的事物。

有一次,父亲看到一棵杉树上有一张半新的蜘蛛网,一只苍蝇的左边翅膀被粘在了上面,父亲叫住了霍金,大家就都凑了过来。

霍金蹲在地上,眼睛一眨不眨地看着,只见那只苍蝇奋力地挣扎,发出"嗡嗡"的响声,但似乎无济于事。挣扎了十几分钟之后,苍蝇似乎没了力气,挣扎的次数和强度也渐渐减了下来。这时在杉树的叶子后面慢悠悠地爬出了一只蜘蛛,它顺着网丝缓缓地爬着,显得非常灵活。蜘蛛围着苍蝇转了几圈,苍蝇又挣扎了几分钟。蜘蛛来到苍蝇面前,苍蝇起初剧烈挣扎了几下,渐渐

1985年,中国合肥,霍金与中国学者合影,这是霍金第一次来到中国

宇宙之王 霍金

地就不动了，蜘蛛也不动了，只是静静地伏在苍蝇身侧。

霍金瞪大了双眼，就连小妹妹菲利帕也屏住了呼吸。又过了好一会儿，蜘蛛缓缓往后退了几步，随后转身又慢慢爬回了叶底。弗兰克和伊莎贝尔缓缓站了起来，感觉腿都麻了，霍金却仍然瞪着炯炯有神的双眼，凑近苍蝇看，苍蝇的背部有一道小口，此时苍蝇只剩下一副空壳了。

这令霍金大为震惊，在他的想象中，蜘蛛会把整个苍蝇吃掉，没想到是这种吃法，大自然还真是奇妙啊！

霍金想到母亲说过的书本里的世界，看来，是时候去看书了。由于在学校的学习成绩差，霍金连字母都写不好，阅读起来也存在一定难度，因为他连字都认不全。但是，这不能阻挡他从书中去发现自然奥秘的决心，他经常捧着一本字典，在一本厚厚的百科全书面前，一坐就是半天。每当了解了一些自然中的秘密，他总是欢呼着跑到母亲身边，与妈妈一起分享自己的喜悦。

霍金的父母发现霍金喜欢读书了，认识的字也越来越多，人也变得活泼一些了，话也渐渐多了起来，在学校里，也能自信地和同学们交流了。这令他们很欣慰。看来，在因势利导之下让孩子顺其自然地发展，往往能达到事半功倍的效果。

成长加油站

霍金从小生活在一个高级知识分子的家庭，父母在日常生活中的一言一行让他受到潜移默化的熏陶。由于父母都从事科研工作，霍金从小便形成了热爱钻研、极为专注的性格。或许，"天才"往往先是"怪才"。

霍金儿时的经历还是充满"坎坷"的，内向、腼腆的他在学校中不怎么合群，没有朋友。不过霍金的父母却懂得因势利导，指引他往积极的方向发展，为他提供一个追寻梦想的环境。在父母的呵护下，霍金度过了一个幸福的童年。所以，我们要善于发现自己的兴趣爱好，这对自己一生的成长会起到很大的作用。

延伸思考

1. 小时候霍金是什么样的性格？

2. 霍金对什么特别感兴趣？对你有什么启发呢？

第三章　少年"爱因斯坦"

在霍金三岁那年的圣诞节，他的父亲送给他一辆玩具小火车作为圣诞礼物。

在霍金的童年时期，他的家庭并不富裕。第二次世界大战期间，英国遭受灾难，许多行业停止经营，玩具业也不例外，英国国内生产玩具的厂家很少。对于霍金来说，玩具是他梦寐以求的玩伴，能发出声音和动作的东西总是能引起他的注意。

霍金在一些旧报纸上看到过火车的图片。每当他看到这些照片，总是很兴奋。当看到霍金对火车如此感兴趣，父亲决定亲自为儿子制作一辆木制火车。几天以来，弗兰克下班后，就在后院制作。但经过几天的工作，他意识到，制作玩具火车并不像想象的那么简单。这列木制火车只是一个"一动不动的雕塑"，霍金想要一个可以动的玩具，所以他的父亲不得不放弃它。

但是他的父亲并没有忘记这件事。碰巧，他在一个杂货店看到一个铁质玩具火车，但车头和车身之间的连接中断了

第三章 少年"爱因斯坦"

一半。他用烙铁把它修好，作为送给霍金的圣诞礼物。

随着第二次世界大战的结束，人们的生活逐渐恢复平静。霍金的父亲由于工作原因去美国出差，

11岁的霍金在课堂上

由于当时的英国处在战后百废待兴的阶段，到了美国的弗兰克看到了不同于英国的另一番景象，各式各样的商品和玩具堆满货架。当他回到家时，他的行李里装满了礼物。

霍金的父亲送给妻子的礼物是尼龙，在当时的英国尼龙是非常罕见的。玛丽有一个可爱的洋娃娃。她非常高兴，整天和洋娃娃在一起，甚至和它一起睡觉。而霍金的礼物正是他所想的一辆全新的、发条式的火车，有一个圆形的铁轨和一个障碍物。霍金兴奋地打开盒子，非常喜欢父亲送给他的礼物。

但是，再好的玩具也会有玩厌的时候，霍金似乎对发条式的火车失去了兴趣，他开始渴望拥有一辆电动火车。

霍金的妈妈有时带着霍金去海格特附近的火车模型俱乐部，在那里有很多儿子喜欢的火车模型。后来，霍金经常自己一个人去，有时在那儿待上几个小时，不眨眼地盯着行驶中的火车。他想知道如何设计火车。

虽然家庭不是很富裕，但是霍金父母也总是给霍金一些零

花钱。霍金不像别的孩子那样每天用零花钱买零食。相反，他存了一点钱，当钱存到一定数量时，他就去买了一辆梦寐以求的电动火车。但是霍金总是觉得电动火车也不是很好，而且跑得太慢了。后来玩具火车的电机坏了，霍金试图在商店换一个别的火车，但被拒绝了。但是霍金并没有放弃，他抱着火车，去了修理玩具的商店。但是霍金没想到的是，换了电机后，电动火车还是跑得慢，这让他很失望。

从那以后，霍金开始研究各种型号的飞机、轮船等。他还在草纸上设计各种"样品"，甚至制作一些简单的模型。他总是认为，总有一天他会成为伟大的火车模型设计师！

和其他孩子一样，霍金总是有很多奇怪的想法。童话故事，往往是为了达到启蒙的效果，霍金父母知道如何让自己的孩子拥有正确的人生观念。所以，每年圣诞节，妈妈总是带几个孩子去看童话戏，这又是霍金所期待的。其中一部戏对霍金有很大的影响，那就是《阿拉丁》，在最后一幕中，灯神变幻出的宏伟宫殿在一瞬间升上了天空。

霍金开始寻找这座宫殿，他相信这座宫殿会再次出现在伦敦的某个地方，并告诉他的母亲，他必须立刻去参观这座宫殿。孩子的想法总是很奇怪，霍金的母亲花了很长时间才打消霍金不切实际的想法。

直到有一天，霍金终究见到了那座日思夜想的宫殿——汉姆斯达德·希斯的肯伍德宫。伊莎贝尔在一个偶然的机会

带着霍金前往观光，没想到霍金却非常兴奋地说："这就是我要找的宫殿！"

伊莎贝尔松了一口气："我儿子显然很想念那座宫殿。幸运的是，他找到了。我认为我应该相信他的任何想法，因为他总是试图把它们付诸实践。"

从童年到少年时期，霍金并不突出，他的写作成绩仍然让老师绝望。很多人认为他什么也不会做，但在一些人眼里，他配得上"爱因斯坦"的称号。

抵达圣奥尔本后，霍金进入圣奥尔本女子学院，10岁以下的男孩可以在那里入学，因此霍金开始在新学校学习。

霍金实际上是非常聪明的，而且他大部分的聪明都反映在日常生活中。在霍金的眼里圣奥尔本的新家是一座"神秘城堡"，在那里他和他的妹妹们度过了一段快乐的时光。霍金总是有一些想法，其中有些听起来很天马行空。但当他这么做的时候，感觉很棒。

霍金经常和他的妹妹玩捉迷藏游戏。碰巧，他找到了一扇没有走过的门，打开后才发现是通往大厅的一扇门。在这之前他和他的妹妹们从大厅走了很远的路才来到这儿，没想到在这两个地方之间只有一扇门。从那时起，霍金就一直热衷于穿梭在大厅周围，寻找那些无意中的"新大陆"，每当有新的发现，他总是兴奋不已。

后来，霍金几乎研究了这座大房子的所有结构，他开始

往屋外寻找。以前一直在寻找一条新的出路，那现在为什么不研究一下能找到多少条进来的路呢？

每天放学后，霍金都会先在屋外转上一圈，从各个不同的方向去寻找新的回家路线。

在一个月的时间里，霍金找到了11种从四面八方"钻"回家的方法，其中有些是洞。不仅如此，他还经历了实地考察、个人探索后，以屋子为中心，画好了周围的路线图！当他把地图给他的家人看时，他们都大吃一惊。

霍金的妹妹玛丽说："他是比我强得多的攀登者。"

转眼间，霍金已经10岁了，霍金进入了圣奥尔本斯中学。这是圣奥尔本斯一所著名的私立教会学校。入学考试也很严格，能进入这所学校的学生录取比例通常是三分之一。但在那个时候，霍金完全有能力考取。可以说他轻松地通过了考试。然而，圣奥尔本斯中学的学习生活并不容易。竞争太激烈了。通过成绩分成三个年级，并划分为高级班和普通班。所有学生必须在普通班学习五年，然后参加普通班考试。两年后，他们可以通过高级班级考试进入大学。

由于学习和竞争的迫切性，学生每晚有多

幼时的霍金和两个妹妹

达三个小时的家庭作业，这对霍金来说是一件痛苦的事情。因为他的写作能力太差了，他的作业经常看上去很乱，这使他的老师很生气。霍金为了练习写作，曾经用铜版质地的字帖练字。虽然霍金持续了一段时间，但似乎没有取得多大的成功。

他的父亲感到欣慰的是，霍金的学业成绩并不差，他挤进了竞争激烈的圣奥尔本中学的前20名，并获得了第18名，从而获得了A等资格。圣奥尔本学校的教学非常严格，这让父亲很满意。此外，圣奥尔本学校还注重培养学生的智力和动手能力，在那里霍金也受到了良好的教育。

但是一年后，原本排名第18位的霍金，在班级里处于倒数第三名。他那有些口吃的语言能力，以及太过糟糕的文字书写能力，加上其实不优秀的成绩，使得老师并没有对他抱太大期望，也有一部分人认为霍金以后难成大器。但是他们不能否认的是霍金真的很聪明，也许他可以被称为天才。从那时起，霍金在同学们那里获得了一个"爱因斯坦"的称呼。

1954年，霍金年仅12岁。这时，他开始喜欢上了宗教，因为充满神奇色彩的东西总是能引起他的兴趣。

有一段时间，霍金迷上了宗教，他甚至赢得了学校的神学奖。三个星期以来，霍金和同学们每天放学后都在教堂附近讨论有关神学的问题。

面对霍金的怪异行为和与众不同的想法，同学们对他的看法似乎有两个极端：当时，两个学生用一袋糖果押注霍金的未

宇宙之王霍金

来。一位学生说他将来永远不会做成任何事，而另一位学生则认为他会取得伟大的成功。这场游戏当时看上去像个笑话，但是在未来，霍金取得的成功让世人所震惊。

在新的地方，新的学校，霍金的生活似乎翻开了新的一页。他开始愿意和同学们交流，与他们分享他的奇怪想法，并向他们展示他的一些"完美作品"，霍金也赢得了很多赞美。

成长加油站

少年时代的霍金慢慢表现出了他的聪明才智，尽管他依然有些"笨手笨脚"，尽管他的书写仍然令老师绝望，有时还有一些奇怪的想法，但他在同学那里却得到了"爱因斯坦"的称号。不过有人认为霍金还是一副"笨小鸭"的样子，将来注定一事无成；但也有一些人似乎察觉到了他正在向着白天鹅转变，开始预言霍金将来必能有所成就。所以，当我们小时候有一些奇怪的想法不要害怕，因为你正处于奇思妙想的年龄阶段。

延伸思考

1. 同学们为什么称霍金为"爱因斯坦"呢？

2. 你平时有一些稀奇古怪的想法吗？如有，请说一说。

第四章　设计游戏的专家

　　和许多男孩一样，霍金也喜欢学习机械和电路，比如把飞机和轮船的模型拆成碎片，然后把它们一个接一个地组装起来。但是，组装后很少能像原来那样正常运行的时候。也许受家庭基因和科学精神的影响，他真的很热衷于研究这些东西。研究的对象包括各个方面，少年的霍金和那些热衷于探索、好奇心强的男孩一样，还对游戏有着特殊的爱好。

　　霍金在十几岁的时候，他对许多复杂的游戏充满了热情，可是他却没有沉迷于游戏之中，他在研究之后想开发一些游戏，这些游戏包括战争游戏和制造游戏。霍金设计这些游戏的初衷是为了了解游戏系统是如何工作的，以及如何控制它们。尽管他很喜爱游戏，但对于少年的霍金来说，他更多的是想在了解的基础上，然后去操纵游戏而已。

　　霍金发明最多的是棋盘游戏，他主要负责设计游戏规则。在当时，霍金有几位志同道合的伙伴。在圣奥尔本中学，他们和霍金都是A班的聪明学生。

　　他们经常一起听古典音乐，读古典作品，认为所谓的摇

宇宙之王霍金

滚和小说都是庸俗的东西。他们有相同的追求和喜好，而且有几个人会演奏一些乐器。霍金还试着学一种乐器，但由于天生的原因，霍金的手总是有点笨拙，每当他练习时，看到他的手僵硬的样子，和那不和谐的尖锐的乐声，朋友总是忍不住嘲笑几句。虽然霍金对乐器演奏有一定兴趣，但他也明白，他的才华不在这里，学习不好乐器是无关紧要的。

当霍金和伙伴们聚在一起时，他们总是对发明兵棋游戏感兴趣。霍金具有科学家独特的逻辑气质，逻辑性和理性力很强，总是可以做很多同龄人做不到的事。

霍金提出了很多复杂的游戏规则，其中对于棋盘和国际象棋的设计依赖于他的一个好搭档，这位搭档总是结合霍金设计的游戏规则，并设计出合适的棋盘和棋子。每当这些准备就绪，他们就会坐在一起，推出自己的游戏，然后，就像战场上的双方一样，开始互相争斗。

霍金特别擅长设计复杂的游戏，尤其是游戏规则。这些伙伴们经常玩霍金设计的游戏。他们最欣赏的游戏之一是迷宫，每个人都会在桌子上掷骰子，当每个人都进入这个角色时，他们就会按照霍金规则开始跑步，这通常需要一个晚上的时间才能实现。霍金对游戏规则的完善和每个人对规则的遵守都感到自豪和得意。

霍金最初设计的是战争兵棋游戏，它是以第二次世界大战为基础背景，然后与中世纪英国的社会、政治和军事相结

第四章 设计游戏的专家

合，设计出战争兵棋游戏。这个游戏的特点是有很多细节和详细的规则，完成这个程序需要很多努力。当然，这需要很长时间，但这引起了伙伴们的好奇心和探索的欲望。因为规则非常复杂，获得结果的过程通常非常曲折，但是这也是这些合作伙伴最期待的时刻。

这些游戏经常在霍金卧室的进行。一直以来，霍金的卧室都是乱七八糟的，但就像藏在珍贵宝藏中的"碎片"一样，混乱之中总是一种神秘的感觉。这里有一个带有三脚架的黑板，上面有一些凌乱的图案，不清楚它究竟是一个公式，还是一个棋盘，有一些散落的沙子，一看就是做一些物理实验的；还有在化学实验中做试验的各种各样的试管，以及未知的溶液，装有散发出化学物质辛辣气味的废液的塑料桶和一些散落在地上的电线。这些似乎是半途而废的实验用品，很明显，房间的主人是不会清理的。

当所有的同伴都挤进房间时，他们的探索和好奇的目光使房子不再那么大，变得更加杂乱和神秘。一旦进来，他们就可以进入游戏的氛围，把一些东西从桌子中间推到一边，然后把纸贴起来，就开始设计游戏了。有时棋盘和棋子会摆上来，这意味着剩下的时间都是用来玩游戏的。

霍金的母亲惊讶地看到霍金对游戏的发明和创造如此热情，似乎游戏已经占据了霍金的生命，她开始担心了。因为霍金已经迷上了游戏。但是妈妈似乎也觉得霍金真正感兴趣

的并不是游戏本身,而是游戏的复杂性,或者游戏规则的设计。因为霍金的思维本身就很缜密。

正是在少年时期养成了这种细致的逻辑思维和理性思维的本领,最终促成了霍金未来的成功。

成长加油站

小小年纪就能设计出许多复杂的游戏,或许是霍金本身思维太复杂了,他让人看不透,而且总有一些非常复杂的想法。他的母亲曾说:"斯蒂芬的思想本身就是很复杂的。"而这些其实是内在思想层面的原因,而表现在外在的言行之上,霍金则是一个"大脑永远比双手灵活的人"。所以,在我们平时的学习和生活中,凡事都要多动动脑筋,但是,别忘了,动手能力也要不断锻炼,这样才能手脑并用。

延伸思考

1. 霍金为什么能设计出许多不同的游戏,却又不沉迷于游戏之中?

2. 你喜欢玩游戏吗?玩游戏对你有哪些好处呢?

第五章　计算机设计高手

霍金和伙伴们不仅热衷于游戏设计，而且对模型飞机和电子机器也有浓厚的兴趣。刚开始的时候，霍金只是用纸或木头做一些飞机模型，但结果并不很好，因为除了惯性力和风的相对阻力与摩擦外，没有气动力。所以飞机的飞行不是很顺利。

尤其是电子机器制造，霍金做得并不顺利，他经常根据自己的意愿将电器改造成具有其他功能的设备。例如，他把一台旧电视机改装成放大器，却被500伏特的高压电击中。他的手指僵直了几分钟，才恢复知觉。

也许，霍金的手不像他的大脑那么灵活。

1958年，霍金已经16岁了。在圣奥尔本斯中学，霍金通过了普通班级考试，并开始在自己的努力下进入高级班级。他

霍金与孩子们在一起

宇宙之王霍金

在中学还有两年就可以参加大学考试了。但这两年的课程比较放松，霍金将有足够的业余时间，这也为一项壮举提供了条件。

他一直与朋友一起研究和设计，养成了发明和创造的习惯和能力。芬莱先生是霍金的数学老师，他看到了霍金对研究和创作的热情，帮助他和他的朋友们设计了一台逻辑计算机。计算机的部件从电话和音频等电子设备上移除。当时，霍金并不知道它能否成功地把它组装在一起，但却没有意识到它真的会起作用。但这并不妨碍霍金装配和焊接，因为他知道他的大脑总是比他的手更灵活。他善于思考，总是想出好主意供朋友们采纳。

这台被称为"逻辑单选择计算机"的电脑在当时引起了轰动，霍金和他的朋友们在圣奥尔本斯成为家喻户晓的人物。

霍金不喜欢学习，他的学业成绩不是很好，他热衷于科学研究，花了很多时间在这些研究上，可以说没有太多的时间学习。但是霍金有很高的数学天赋。在课堂上，老师经常提出一些复杂的数学问题。每当这个时候，每个人都在思考，但霍金总是可以轻易地得到答案，有时甚至不用思考。逻辑单选机的主要功能是进行计算，这也归功于霍金的"计算"天赋。

霍金的想法总是很复杂，但条理很清楚，他总是能创造出非常复杂的东西，就好像他面前的所有复杂事物都可以变得简单一样。

逻辑单选择计算机可以应用于计算，也因为霍金给了它足够的逻辑程序，霍金也有了强大的逻辑思维。谜题，不一定是基于公式和计算，也可能是在于精神和逻辑水平。事物越复杂，人们看到的外观越多，要解决这个问题，就必须走出表象的范围，这就需要周密的逻辑和清晰的头脑。

有一次，在一堂物理课上，老师问了一个问题：

如果你面前有一杯茶，你想在茶里加点牛奶，但是茶太热了。如果你想尽快喝茶，你是先倒掉一些茶然后加牛奶，还是等茶凉了再加牛奶？

大家听到了这个有趣的问题，一个接一个地发表了自己的意见，很快全班就分成了两个阵营，除了霍金保持沉默。当大家还在争论的时候，霍金把他的手举得很高，老师看见他，让他来回答这个问题。大家立即安静下来，霍金站起来回答说："我认为牛奶应该先加进去。"

老师点点头说："告诉我你的理由，斯蒂芬。"

霍金有条不紊地说："老师，这个问题有两个选择，但不管是倒茶加牛奶，还是等茶冷却加牛奶，都不是最好的选择。第一个选择是浪费茶。第二个选择是浪费时间。牛奶很冷，倒入茶里时，茶的温度自然下降，也就可以尽快喝茶。所以，先加牛奶是最好的选择。

霍金从老师混淆的表象圈中跳出来，深入到问题中，逻

辑清晰合理。他的回答赢得了老师的赞许，同学们都向他投去钦佩的目光。

时间过得真快，两年过去了，高考快到了，父亲希望霍金能在牛津或剑桥大学学习。霍金的下一阶段的人生即将开始。

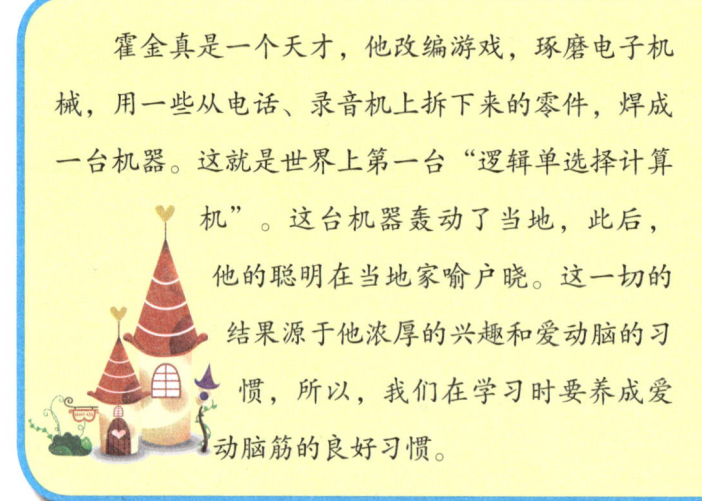

成长加油站

霍金真是一个天才，他改编游戏，琢磨电子机械，用一些从电话、录音机上拆下来的零件，焊成一台机器。这就是世界上第一台"逻辑单选择计算机"。这台机器轰动了当地，此后，他的聪明在当地家喻户晓。这一切的结果源于他浓厚的兴趣和爱动脑的习惯，所以，我们在学习时要养成爱动脑筋的良好习惯。

延伸思考

1. 霍金是如何设计出世界上第一台"逻辑单选择计算机"的？

2. 课余时间，你会亲自动手制作一些模型或者手工作品吗？

第六章　牛津大学的赛艇舵手

1958年，霍金在圣奥尔本斯中学的学业只有最后一年了，他即将升入大学了。对于选择上哪一所大学，父亲和霍金曾经讨论过，经过商谈父子俩都认为在牛津和剑桥两所大学之中选择一个。因为，霍金的父亲曾经就读于牛津大学，对它也有着深厚的感情，所以，霍金决定报考牛津大学。

1959年10月1日，通过自己的努力，17岁的霍金正式成为牛津大学的学生。但霍金的大学生活一开始却并不快乐，甚至可以说是百无聊赖。

刚刚进入牛津大学，霍金就感到许多不适应和不愉快的地方。牛津大学作为英国的最高学府之一，具有明显的阶级性。因为能够进入牛津的学生大部分来自全国各地的著名私立中学，他们在社会背景和家庭出身上似乎都弥漫着一层贵族特色。

霍金虽然出身于知识分子家庭，但是却没有任何社会背景或是资金支持，身边同学的口袋中总有花不完的钱，他们对吃穿住行很是讲究，霍金在他们面前，总是略显"寒酸"。因此，霍金总是感觉自己与他们不是一个世界里的人。他无法融入他们之中，所以，无形之中就把自己孤立了。

霍金在牛津和同学一起划船

而且，霍金当时只有17岁，年龄比周围的同学要小一两岁，年龄差让他从一开始就与同学们格格不入。再加上当时在大学学院学习物理的学生加上霍金只有4个人。这个圈子太小，他们很难走进别人的圈子。

所有这一切造成了霍金进入大学很难融入大学生活，感到孤独和无助。面对这样缺少朋友的孤独和课程松散的百无聊赖，霍金决定要改变现阶段的境况，他想要多结识一些人，多经历一些事，这样才不枉费来到牛津大学。

于是，在大学二年级的时候，霍金找到了一种消遣方式，那是他较为有兴趣的一项运动——赛艇。

说起牛津大学的赛艇队，它成立于1892年，经过100多年的成长发展，如今已在世界上小有名气，甚至还成为名校之间进行交流的桥梁——牛津大学和剑桥大学每隔一段时间都会在泰晤士河上举行赛艇友谊赛。

两所名校之间的赛艇友谊赛是以挑战的形式进行的，上一年输了的团队就成为今年的挑战团队。从开始比赛以来，两所名校一共进行过150多场比赛，而牛津胜了70多场，剑桥则胜了80多场。

每年的三、四月份，两所名校的赛艇团队就会在泰晤士河逆流而上，历程4.5英里，到达摩特雷克镇。牛津大学的团队穿着深蓝色队服，剑桥大学的团队穿着浅蓝色队服，河岸两旁围观鼓劲的观众则穿着自己所支持的团队的队服。名校相对，关乎荣誉，所以两校都非常重视这项运动，在校内的训练也是较为严格的。

霍金刚刚加入赛艇队的时候，一位名叫戴维的队员看到一位个子矮小的人并没有穿他们的队服，却站在了他们中间，便向旁边的队友打听："这个人是谁？"

"斯蒂芬·威廉·霍金，物理系二年级的学生，是我们新来的舵手。"

戴维打量着霍金，他对霍金没有过任何了解，但也许在校园里见过。就这样，霍金成为赛艇队的一员，并且担任舵手，他有着洪亮的声音，这正是他作为舵手的优势。

在赛艇运动中，桨手一般是体格健壮的男子，而舵手则需要一个个子小、体重轻的男子担任，于是霍金作为舵手是很理想的人选。

每年2月份的春季比赛渐渐临近，赛艇队一直在加紧练习。团队中，只有霍金的热情最为高涨，他坚信他们的团队

可以胜出，在练习的时候总是很卖力地指挥，这令其他队友对他很钦佩，他们的赛艇教练也经常夸赞霍金："霍金是一个很不错的舵手。"

牛津与剑桥每年约定的舰艇比赛开始了，第一场由于霍金指挥的失误，他们的舰艇在刚出发时不小心勾住了缆绳而偏离了规定航线，因此被取消了比赛资格。大家相互鼓励，下一场一定再接再厉。赛艇比赛河道非常狭窄，这就使得所有比赛的赛艇必须通过互相撞击，来"挤"出一条路，这次霍金所在的团队一鼓作气，撞开了好几艘赛艇，大家奋力划到了终点，但赛艇也被撞得有些变形，队员们也都累得精疲力竭。

经过一番激烈的角逐，最终的结果却没能像霍金所坚信的那样，而是剑桥大学胜出了。但是友谊第一，比赛第二。对他们来说，一群有活力的年轻人聚在一起开心快乐才是最重要的。比赛结束之后，大家便聚在一起狂欢轻松一下，大多数时候会喝一些麦酒。胜出的团队是在庆祝，而失败的团队则是相互安慰，在整个宴会上，到处充满了欢声笑语。

对于霍金来说，这就是一个没有任何隔阂、阶级和分隔的大家庭，霍金喜欢这样的氛围，他似乎从百无聊赖中走了出来。在这之后，霍金经常和赛艇队的队员们一起交流，整个人也活泼了许多，开始变得开朗热情。

第六章　牛津大学的赛艇舵手

成长加油站

霍金进入了英国高等学府牛津大学,成为大学生的霍金一开始并不十分快乐,甚至有些孤独和百无聊赖。霍金也意识到自己不能这样,他想要扩大自己的"社交网络",于是便加入了在世界上已小有名气的牛津大学赛艇队,并且担任一名舵手。在那里,霍金终于摆脱了孤独,他开始变得活泼起来,性格也开朗多了。

因此,我们在遇到不开心的时候,千万不要灰心丧气,情绪低落,而要通过找一些自己爱好的事情做,想办法使自己开心起来,这样不开心的事情就会慢慢过去了。

延伸思考

1. 霍金进入牛津大学后,为什么无法融入大学生活?

2. 当你被同学们孤立起来的时候,你该如何去做?

第七章　独特的物理学天赋

在霍金读牛津大学的时候,牛津正处于一种反常的气氛中,学校弥漫着一股对社会不满和阻力的消极风气,学生普遍不努力学习。

霍金从来不喜欢学习,一直很懒,甚至经常逃课,但他总是容易取得好成绩,所以在学生眼中,他自然成为大家羡慕的对象。

霍金似乎具有独特的物理学天赋。在他看来,在教室里学习就好像他已经在中学学过了。他从不在课堂之外学习,有时甚至连课也懒得上。他认为大学物理课程简单,没有必要每天都上。每周有一到两次辅导,只要记住几个公式就可以通过考试。这不是霍金骄傲自大,他做到了,他真的做到了,成绩一直很好。

在一次物理课上,伯曼教授给霍金他们4个同学留了13道有关电磁力学的课后习题,这13道习题的难度是非常大的,因此伯曼教授给了他们一周的时间,让他们尽量多地解答。他们有的花了整整一个星期才解出一道完整的题,有的只解

第七章 独特的物理学天赋

决了一半。而霍金却没有把这些放在眼里，因为他从不喜欢做家庭作业。

一个礼拜过去了，一个同学问霍金："霍金，你做了几道习题啊？"

霍金抬起头回答："习题？我还没做呢。"

"你最好做一下吧，还是很难的。你不去上课吗？"

"我今天不去，你去吧。"

三个同学去上课了，霍金把他的科幻小说放在一边，开始研究上周的习题。

当他们下课后回到宿舍，看到霍金在做习题，于是便问："霍金，你做了多少？伯曼教授今天讲完了电磁力学的剩余部分，这13道习题将在下节课上讲。"

"嗯，不过我只来得及做出了10道题。"

三个同学听了，顿时吓得目瞪口呆，然后大笑起来："10个问题？霍金，你在吹牛吧！这些问题太难了，我们在一周内只做出两道半，你才用一节课的时间做出10道？"

霍金有些怀疑，说道："真的吗？但我确实做出了10道习题……

这时，每个人都意识到霍金说的是真的，不由得佩服霍金："霍金，你真厉害！你的学习能力远远在我们之上！"

霍金超强的学习能力，连伯曼教授也看到了霍金聪明的一面，并且对霍金做出了这样的评价：

"当时我教了大约30名学生，他显然是我教过的最聪明的学生。霍金不仅聪明，我甚至认为他不能用聪明来衡量。按照正常的学习标准，他不能说学习很努力，显然他没有这样做，但他完全没有必要这样做。"

霍金远远领先于他目前的物理教育水平，他阅读了很多的教科书，以至于他对教科书的有效性和正确性产生了怀疑。当时，教霍金物理课程的导师还有一名叫帕德里克·森德斯的初级研究员，在上完一节统计物理课以后，为他们指定了一本参考课本，并且指定了课后习题。霍金看了看那几道习题，却当众拒绝做这几道习题，这令森德斯颇为受惊，也使得其他同学觉得有些不可思议。

幸运的是，森德斯知道霍金是一个有想法的学生。他没有生气，而是问霍金为什么这么做。结果霍金拿起参考书，花了20分钟讲述其中的错误，令森德斯有一种安慰和自豪感。接着，森德斯和霍金一起讨论了这些错误。森德斯感叹道："霍金比我更了解这门课程。"

霍金当时在牛津大学获得奖学金，算是公费生，享受公费的学生必须在大二期末时参加大学物理学奖竞赛。同年级的其他物理学生也参加了比赛，所以竞争很激烈，大家都在积极备战。但霍金却是一种无所谓的态度，其他同学在图书馆里、教室里拿着物理材料努力学习，霍金却来到操场的树荫下，无忧无虑地读着科幻小说。

比赛开始后，霍金在没有任何准备的情况下进入赛场，但这位平时努力最少的选手获得了第一名，并获得了50英镑的图书礼品券。

有些人在某些领域，天生就是天才。霍金之所以能够毫不费力地取得优异的成绩，并不是因为这些知识他早就掌握于心，而是因为他学习的进度从来都没有停下来。在一个环境当中，知识有它一定的范围，但人的学习进度是可以超越这个范围的。霍金对于物理的修习进度已经远远超越了大学这个特定的环境，所以他可以毫不费力地取得可观的成绩。

成长加油站

霍金天生聪明，但平时疏于学习。这只有天才能做到，对于普通学生而言，我们不提倡霍金的这种做法，因此，我们在平时一定要努力扎实地学习，不要等到考试临时抱佛脚，这样既考不好试，知识又学得不牢固。

延伸思考

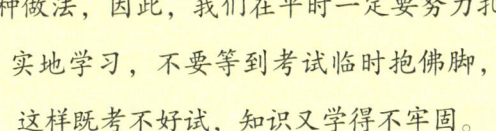

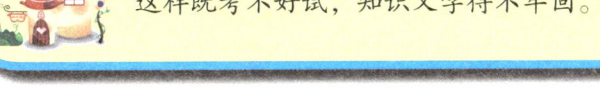

1. 霍金在物理学方面有哪些天赋？请举几个例子说一说。

2. 霍金平时不爱学习，考试临时突击看书，你认为他这样做对吗？如不对，你该如何去做？

第八章　特立独行的行事作风

霍金虽然聪明，但是老师的眼里，霍金不应该被视为"好学生"，在大学期间，霍金做了很多荒谬的事情。也许在大学学习和生活更容易，也许是因为他很懒，所以他已经形成了随心所欲、特立独行的风格。也许对于霍金来说，这样的大学生活可谓无怨无悔。

当时的牛津大学的物理系只有四个学生，他们也住在同一个宿舍里。在其他三个人看来，霍金经常逃课，总是在早上起床很晚，所以他从来没有吃过早餐。

大学生逃课而不吃早餐的情况并不少见，但接下来的事情让霍金的室友戈登深感荒谬。

有一天，戈登吃完晚餐，像往常一样回到宿舍。他想找霍金去健身房，但他看到霍金独自一人坐在矮凳上，旁边放着一整箱啤酒，左边的三个瓶子已经空了。左手握着还剩半瓶啤酒的瓶子靠在头上，右手伸到啤酒箱拿起一个瓶子，看来已经喝醉了。

戈登看到了这一幕，不由得愣住了。他不知道发生了什

第八章　特立独行的行事作风

么事，但他知道霍金只有17岁，还没有到进入酒吧的年龄。也就是说，他不应该像这样喝酒。在他担心的时候，霍金的第五瓶只剩下一半了。他很快冲过去阻止霍金，大声喊：

"霍金，发生了什么事情？你不能这样喝酒了！"

霍金眯着醉眼，一句话也不说。

过了一会儿，霍金在酒精的影响下睡着了。戈登把他扶到床上，安顿下来，无助地笑了。

也许是孤独，"借酒浇愁"吧。只能这样理解了。然而，在参加赛艇队后，霍金整个人变得开朗活泼，他十分着迷地喜欢上了赛艇。那时候，霍金和戈登每天下午都去练习赛艇，但有一件事就在他们面前。大学物理系规定，每周学生都要花三天时间在实验室进行实验，从早上9点到下午3点，并写一份详细的实验报告。每个学生都必须去，不允许逃课。

但是，练习赛艇需要花费一周的六天时间，因此在一周内不能同时做两件事。他们放弃了物理课程的实验课。每当下午的实验时间，霍金和戈登都没去过。

但是，测试报告仍有待完成，这要求霍金和戈登花一些时间。他们早上来实验室做实验，然后尽力完成实

霍金在游玩

验报告,并试图让实验报告看起来像是一步一步完成的,然后做了大量的数据分析,所以就不算欺骗老师了。

虽然霍金的行为不符合规则,但他确实完成了学习任务,在更短的时间内完成了更全面的事情。也许,聪明的学生面对他们擅长的知识,不必花太多时间,就可以取得一定的成就。

在赛艇队的那些日子里,对于霍金来说是一段非常快乐的时光,但是做他想做的事情太多会导致过度的行为并做出荒谬的事情。派对、狂欢节、喝了很多麦酒,很晚才回到宿舍,然后在路上唱歌,这似乎是霍金和他的队友的生活方式。一旦酒喝多了就头脑发热,容易做出不合理的举动。

有一次,霍金和一位同学喝了很多麦酒,他们在回宿舍的路上开始谈论理想,并打算做大事业。于是,这两位年轻人开始计划做出令人不可思议的大事情。凭借酒劲,两人拿了一桶油漆,一把刷子,一根绳子,来到了一座人行天桥。他们用绳子系住一块木头,把它拴在桥栏杆下面,然后小心地踩在上面,试图保持身体平衡。霍金用刷子蘸上油漆,然后在桥面上写下了"全力支持自由党"的字样。

当霍金写完最后一个字母的时候,一束光线朝这边照了过来,接着就是警察的喊声:"你们在干什么?"

霍金和那个同学顿时吓得酒醒了大半,连忙跳到了桥面上,那个同学反应迅速,从河岸的另一边逃走了。而霍金由

第八章　特立独行的行事作风

于行动不太灵活，被巡逻的警察逮了个正着，他手里还拿着油漆和刷子，非常尴尬地站在警察面前。

警察了解到这是一出大学生的恶作剧，也并没有过多为难他，只是带到警察局批评教育了一番。然而这件事却深深印在了霍金的心里，从那以后，霍金再也不敢做挑战法律的事情了。

大学生活最后的毕业考试即将来临。这时候，霍金感受到了压力。他意识到他应该留出更多时间学习，所以他将原来的学习时间一天1小时增加到一天3个小时，这似乎是正常的事情。面对毕业考试，3个小时不长，但在霍金的眼里，"3个小时"时间够长了。

要应付毕业考试，单靠聪明是无法通过的，因为考题会有一定的形式化。霍金平日里学习没怎么用心，是无法在短时间内复习完所有课程的，所以他找到了一个窍门：挑选可以凭直觉回答的理论性强的题目，避开需要死记硬背的题目。

那时，霍金已经申请了剑桥大学宇宙学博士学位，投身到弗雷德·霍伊尔导师门下做研究。而只有获得此次毕业考的"第一等荣誉学位"才有资格前去深造，霍金明白这并不容易。

在四天的毕业考试中，霍金在前三天考得很好，但第三天晚上他失眠了，因为紧张而失眠。他三年来第一次感到紧张。

晚上睡不好，就意味着第二天会没有精神，所以等到考试结束后，霍金隐隐觉得自己可能与一等无缘了。毕业考试还有一场面试，可以说，这场面试决定了霍金今后的人生道路。霍金知道自己的成绩介于一等和二等之间，所以他只能"听天由命"，勉强应付过去了。

牛津大学为毕业生提供了一些福利，其中就有资助毕业旅行费用，于是霍金决定去毕业旅行，霍金决定去伊朗。听到这个消息，霍金的父母大吃一惊，怎么有能力去那么远的地方旅行？然而霍金去意已决，并且向父母保证每一段行程都会写信向父母报平安。打点好行李之后，便和几位同学结伴出发了。

然而返回的过程却充满了艰辛，霍金在途中大病了一场，一开始是腹泻；后来由于汽车的急刹车，他从后座摔到了前座，导致一根肋骨断裂。霍金就这样昏昏沉沉地在颠簸的返程途中渐渐康复，然而他们不知道的是，就在他们返回的路上，附近发生了7级大地震，当时死伤了1万多人，而霍金和朋友们因为不懂得当地的语言，再加上车内颠簸得厉害，所以他们并不知道发生了什么。

地震发生的时候，他们正处在靠近震中的地方，竟然能够安然无恙，这可以说是不幸中的万幸。就在地震发生的当天，霍金的母亲伊莎贝尔接到了霍金的平安信，他们知道霍

第八章 特立独行的行事作风

金身处震区，内心焦急而无助，好在他平安无恙地回来了。

毕业旅行回来后，霍金的面试结果出来了，他如愿获得了一等荣誉学位，可以进入剑桥大学深造，那里有他神往的宇宙学，"宇宙之王"的探索之路就要开启了。

成长加油站

在牛津大学，霍金作为老师和同学眼中的聪明学生，学习上无人能及，但是在行为上往往会太过随心所欲，霍金特立独行的行事风格让同学们不可理解。在大学生涯中，霍金做过不少荒唐的事情。因此，我们在平时应约束自己的行为，应在法律和道德范围内做事。

延伸思考

1. 在大学期间，霍金做过哪些不合常理的事情？请列举几个。

2. 霍金这种特立独行的行事风格，你认为好吗？如不好，你该如何去做？

第九章　突发疾病传噩耗

在牛津大学的最后一年，霍金总是觉得自己的手脚越来越僵硬，无缘无故地摔倒了好几次；在赛艇队的日子里，他也很想划桨，但最近他觉得越来越不舒服了。但是霍金并没有把这件事放在心上，也没有把这件事告诉任何人。但她的母亲非常清楚，只是她并没有想到什么不好的事情，但她认为造成这一问题的原因可能是霍金最近的考试压力太大了。

临近毕业，事情变得严重了。在毕业考试的最后一天，霍金拖着疲惫的身体准备回家。不知道是因为他太累还是牛津大学的旧楼梯太窄，霍金从楼梯上摔了下来，当场失去了知觉。幸运的是，考试结束时，许多学生正走在楼梯上。不久，霍金被发现并被送到诊所。霍金头上碰了一个血口，不停地流血，他的腿和胳膊上有许多瘀青和擦伤。学校的医务人员迅速为他清洗并包扎伤口。

戈登一直陪着霍金，直到他醒来。没想到，霍金醒来时突然出现了短暂的失忆症："我是谁？"

第九章 突发疾病传噩耗

戈登惊讶了，知道霍金摔得真的不轻，是不是有失忆的情况？因而戈登试着帮助霍金回忆一些事情："你是斯蒂芬·威廉·霍金啊，你忘了吗？"

"斯蒂芬？"霍金自言自语，皱着眉头，好像在想。

戈登看到霍金这个样子，非常担心："霍金，你不用担心，慢慢想，仔细想吧。"

医护人员也说，当一个人头部被击中时，记忆丧失就会发生，但是失忆的程度取决于受伤的程度，所以还不清楚霍金是否还会恢复。戈登正在担心的时候，霍金终于想起了他是谁："是的，我是霍金⋯我记得。"

戈登高兴地说："霍金，你记得，太好了！我以为你失忆了！"

霍金突然感到头上一阵疼痛，他扶了下头。

"我怎么了？这是在哪里？"

"这是大学学院的医务室。你刚从楼梯上摔下来。谢天谢地，你没有受到很严重的伤害。你的头摔破了，你的身体也受伤了，应该会疼的。我告诉过你父母，他们很快就会来的。"

很快，霍金的父母闻讯急匆匆地赶来，看到霍金浑身是伤的模样，弗兰克感到很震惊，伊莎贝尔也转过身抹起了眼泪。

霍金对他们说："爸爸妈妈，我没事。我只是从楼梯上

47

摔下来，没有受伤。别太担心。"

伊莎贝尔哽咽着说，"你是怎么从楼梯上摔下来的？让我们全面检查一下。"

高举手绢的霍金与赛艇俱乐部成员

霍金在家待了一段时间，他的父母想让他好好检查一下，但是他正忙着去剑桥大学读书，并和他的几个同学一起计划毕业去伊朗旅行，所以霍金没有去医院进行体检。

1962年10月，霍金进入剑桥大学三一学院，成为剑桥大学的研究生。

就在第一学期，霍金的健康状况越来越糟。除了僵硬的手和脚，他甚至连一条直线都不能走，而且总是有摔倒的倾向，他甚至不能稳稳地蹲着绑鞋带。在和同学们的聚会上，他拿酒瓶的手不停地抖，他经常把酒倒得到处都是。然而，霍金和他的同学们大多认为这是喝酒的结果。

第一学期期末，霍金迎来了他去剑桥学习的第一个寒假。在家里，霍金的父母发现他的健康不正常，霍金也经常感到不舒服。为了不让家人担心，他经常躲在房间里看书。转眼间，圣诞节到了，河上覆盖着厚厚的冰。母亲建议一家人去奥尔本斯河上滑冰。他们都兴高采烈地出发了。

第九章　突发疾病传噩耗

这天没有刮风，天气很暖和。整天都被困在房间里的霍金似乎摆脱了一个压抑的牢笼，尽情地跑到河边去玩。但令人惊讶的是，霍金感到双腿虚弱，重心不稳，在滑冰过程中摔倒了。他认为滑冰摔跤是司空见惯的事，所以他试着站起来，但不管他怎么努力，就是站不起来，腿就像被绑了千斤石头一样，沉重无比，感觉不到腿的存在。他的父母很快就来了，他不得不依靠父母的帮助才能站起来。现在，全家人都意识到事情的严重性，他们的父母坚持要求霍金去医院进行全面检查。

1963年1月中旬，弗兰克邀请了一位家庭医生。经过简单的诊断后，家庭医生说："我现在不能判断确切的情况。让我给你介绍一位专科医生，相信会有更好的正确诊断。"

听到这个消息，全家突然有了不祥之感，弗兰克立即带霍金去了专业医院，进行了一系列的全面检查。

检查的过程并不轻松，医生首先要从霍金的手臂中摘取一块肌肉样品用来化验，还要在霍金的身上接入电极，把一些射电波无法透过的流体注入他的脊柱，然后在把床放倾斜的过程中，用X射线观察流体在脊柱内的流动。一切程序完成之后，医生并没有给出一个明确的答复，而是轻描淡写地表示，霍金所得的并不是多发性的硬化症，而是比较罕见的情况，具体检查结果的呈现还需要时间，所以他们只给霍金开了一些维生素。

这让霍金和霍金的家人很是担忧,既然是比较棘手的病,维生素又有什么作用呢?霍金从医生的眼中看出,他们并没有什么好的对策来应对自己的疾病。霍金也没有过多询问细节,情况已经很糟了,就不必再徒增烦恼了。

噩耗还是传来了,诊断结果显示,霍金患的是肌萎缩性侧索硬化症,简称ALS,也叫运动神经元病,俗称"渐冻症"。患者会不断萎缩下去,大脑也将渐渐无法控制身上的肌肉,从而慢慢走向瘫痪。随着时间的推移,患者的说话能力也会渐渐丧失,吞咽也会变得困难,甚至连呼吸都面临重大的威胁。霍金之前的走路不稳、摔倒及口吃应该就是ALS的征兆。医学界还没有办法治愈ALS,患上ALS就等于接到了死亡通知。而霍金面临的通知就是:他还能够活两年。

两年,一个生命被判了死刑的人,在两年之内都要时刻心惊胆战地等着死神降临,这是多么痛苦的事情!但是霍金还有梦想,那是关于宇宙的梦想,短短的两年,怎么才能实现呢?

成长加油站

天有不测风云。牛津大学的最后一年,霍金的手脚感觉越来越不灵活了,导致走路不稳,经常摔倒。进入剑桥大学后,这种情况越来越严重了,他不得不去医院检查。医生明确地告诉他,他的生命只剩下了两年。一种名为肌萎缩性侧索硬化症,简称ALS的疾病降临在了他的身上。ALS是医学界的不治之症,霍金此时的身体状况就是"还有两年时间"。这是多么痛苦的事情!但是,现实就是这样,我们不得不面对。

延伸思考

1. 霍金突发疾病,这种疾病有什么表现症状?

2. 如果你的生命只剩下两年,你会做什么?

第十章 挑战天文界权威

一个学期很快就过去了,但是在学期结束的寒假期间,霍金的身体状况恶化了。自从被诊断患有ALS病,这对他来说是一个毁灭性的打击。他对宇宙的梦想才刚刚开始,还没来得及走上正轨。那段时间霍金非常绝望。他在内心不停地问自己:"为什么我会发生这样一件坏事?为什么是现在?"

霍金开始不愿和别人说话,要么每天把自己关在黑暗的房间里,要么用酒精麻醉自己。心情郁闷加上经常酗酒,他很快就被送进了医院。

在医院里,他成了一个患白血病的男孩的朋友。

这个小男孩看起来很小。霍金有时会叹口气:我至少活了20年,他还是个孩子,这么小就得了这种不治之症。在医院里,霍金心情很不好,但这个邻床男孩总是天真地笑着。也许这个六七岁的男孩不知道他将要面对什么,他也不清楚死亡的概念,他只是想每天都开心。

小男孩的微笑唤醒了霍金的心。这个小男孩经常拿着一瓶药水,每次他完成化疗,当他感到疼痛时,他就喝一小瓶。

有一天,霍金的心情不太好,一直闷闷不乐,小男孩递给他一瓶药水:"哥哥,你喝一瓶,喝完就不会疼了。"

霍金感激地说:"谢谢,小朋友,你真勇敢!"他看了看瓶子上的标签,其实只是普通的维生素而已。原来是那个男孩的父母骗他说那是止痛药。霍金想起了他的父母,自从他患了这种不治之症之后,最痛苦的是他的父母。霍金羡慕这个男孩对疾病的乐观态度,但那天晚上这个男孩死了。霍金伤心极了,他开始重新审视自己的处境:自己不一定是最不幸的,至少现在,自己还活着。

霍金在医院住了两个星期,病情稳定下来后出院了。他可能还没有从病中恢复过来,回到学校,重复着"借酒浇愁"的生活。

当他的同学们担心他病情的时候,霍金并不羞于向别人透露他的病情。虽然每个人都对他患有ALS感到惊讶,但他们也对他的健康深感关切。

出院后,霍金经常做噩梦,梦见自己快要死了,每次都会吓出一身冷汗,但醒来后,恐惧过后,总会有一种"其实,我还活着"的如释重负的感觉。过了一段时间,霍金的梦改变了。虽然它与"死亡"有关,但梦的内容已经从"被疾病带走"转变为"放弃生命,成全别人"。人总是会死的,但是要死得有价值,如果在自己的生命结束之前,能挽救别人的生

命，那也是件好事。

慢慢地，霍金的想法变得积极起来，情绪开始转向乐观，他在一点一点地改变自己。

在牛津大学毕业考试中，霍金申请了剑桥大学宇宙学研究生，并被分配在一位名叫丹尼斯·西阿马的导师指导下学习天体物理学。他似乎已经找到了他想追求的东西——探索神秘的奇点。奇点是物理学家和数学家必须解决的一个重要问题。霍金一直对神秘的事物感兴趣，而宇宙学有着无穷的神秘感。

在剑桥大学的物理系里，有一位著名的教授叫霍伊尔，他凭借能力和努力，获得了剑桥大学的奖学金。他在剑桥有自己的研究所，周围有很多数学和理论物理智囊团。他每天的工作就是与同事或学校进行激烈的辩论，然后宣布他的新理论。

霍伊尔的同事认为他有点急于求成，而霍伊尔则热衷于自我推销，他想利用名气来获得科研经费。事实上，霍伊尔在宇宙学的研究上确实有很高的造诣，人们不得不佩服他。

然而，霍金和霍伊尔即将面临一场正面交锋，这次科学冲突将使霍金一举成名。

其实，霍伊尔作为导师也带了几名门生，其中有一名名叫杰杨特·纳里加的门生是霍金的朋友，纳里加是数学系的高材生，霍伊尔常常会指派给他一些数学运算上的研究任务。霍金和纳里加的办公室相邻。随着时间的推移，霍金注意到纳里加正在研究数学方程，并且最近霍金对学习数学也

第十章　挑战天文界权威

感兴趣。因此，霍金经常来到纳里加的办公室和他一起学习，他们都把对方当作朋友对待。

然后，随着时间的推移，霍金对数学方程式产生了很大好奇心，他想进行深入的研究，想得到一个令自己满意的结果。其实，霍金对方程式的研究纯粹是个人爱好，他不知道他的发现会给别人带来不便。但这也是一个不经意的错误，使霍金引起了业界的注意，一颗冉冉升起的宇宙之星即将引起万众瞩目。

霍伊尔经常参加研讨会并发布自己的新理论。此时在皇家学会，他也打算抓住这个机会。但现在只有这个方程式能公布，但该方程的结果尚未计算，也没有经过任何审查。以这种方式发表是否适当？经过思考，霍伊尔仍然决定宣布他的新理论。

在皇家会议上有100多名听众，而霍伊尔则热情地谈论他的研究。观众不时投去赞赏的眼神，鼓起热烈的掌声，霍伊尔对这种情况非常满意。然而，在100多名听众中，有一个人的表情从未改变。他静静地听着霍伊尔的演讲，当然，他也知道霍伊尔说了什么。在宣布的最后一分钟，他皱起了眉头，看着台上的资

2016年，霍金在英国BBC的年度节目Reith Lectures中发表演讲

深天文学家，虽然很是钦佩对方的学识，只是沧海一粟，但错了就是错了。科学如何容忍错误？于是他大胆地站起来，高声说："霍伊尔教授，你说的那个量，是发散的。"发散意味着无限。

这句话一出来，霍伊尔脸上顿时没有笑容了，整个房间都很安静。每个人都望着那个发声音的人，大家都窃窃私语，问个不停。霍伊尔也找到了他——一个面目清瘦，拄着拐杖的年轻学者，他就是斯蒂芬·威廉·霍金。

所有的听众都知道，如果这位年轻的学者是对的，那么霍伊尔就是错误的。但这位天文巨星会不会犯一个研究错误？人们开始质疑它。当然，霍伊尔不允许这种情况发生，所以他作为一名资深的权威人士当即表态："这个量当然不会发散。"

出乎意料的是，霍金不甘示弱，怀着对科学忠诚的态度，于是大胆抗议："它确实是发散的。"

霍伊尔反问道："你怎么知道的？"他有点不耐烦了。

霍金平静地回答说："我算过了。"会场里爆发出一阵阵笑声，霍伊尔感到场面失控了，很丢脸，一时说不出话来。

为了证明自己的主张，霍金还写了一篇专门的论文。该论文对方程的计算过程进行了较为详细的说明，并对整个研究的运行结果进行了较为清晰的推导，为自己的论述提供了有力的论据。这也意味着霍伊尔的最新研究成果是错误的。

同样研究天文，研究宇宙的学生普遍接受了霍金的论文，霍金也开始在这个圈子中渐渐为人所知,有人还预言:这位名叫霍金的年轻学者,一定会成为一位了不起的物理学家。

这次研讨会使霍金崭露头角,且不说他的研究结果正确与否,就是敢于和天文界巨星霍伊尔公然抗衡,就足以让他成为人们的关注对象了。

成长加油站

自从被诊断患有ALS病以来,霍金备受打击,心情郁闷。在医院偶遇小男孩后,被他的乐观精神所感染,心情慢慢变得好了,学习上也有很大进步。在一次学术研讨会上,霍金敢于指出当时的天文界权威教授的错误,使得霍金一举成名,人们被他对科学忠诚的精神所感染,他也渐渐被更多的人所认识。面对错误,我们应该大胆指出来,不能掩饰错误,否则就是错上加错了。

延伸思考

1. 在医院偶遇小男孩,霍金的心情和思想发生了哪些变化?

2. 小朋友,当你在学习上发现了老师的错误,你该怎么做呢?

第十一章 摘取剑桥博士桂冠

剑桥的求学之路走上了正确的轨道，但霍金的身体每况愈下，ALS也在不断恶化。

现在的霍金只能用手杖走路，两条双腿沉重，无法把它们抬起来。他花了很长时间才能走很短的距离。霍金的亲朋好友都想帮助他，但是他不想得到帮助，他总是依靠自己的力量去生活，虽然这很累，很困难。

在一次物理课上，还有两分钟就打上课铃了，西阿马教授看到霍金的座位还空着，他向来很早就来到课堂的，周围的同学们也纷纷开始猜测。这时，一个头上裹着纱布，手杖、手臂沾满了药水的人，跟跟跄跄地走进教室，这就是霍金。西阿马和同学们看到霍金这个模样异常惊讶，急切问道：

"霍金，发生什么事啦？"

"不小心摔倒了。"霍金却轻轻地回答道。

其实，这是西阿马教授和同学们早已预料到的事情。每当他们想要帮助霍金，都被他谢绝了，于是他们总是担心霍金在他们的视线之外会发生一些可怕的事情。

除了动作越来越僵化外,霍金的语言功能也在逐渐下降,他有一些口吃,说话的声音越来越模糊,同事们有时无法理解他的真正意思。

霍金有一名关系较为密切的同事米顿,他对霍金语言功能的逐渐丧失做出了幽默的描述:"与霍金沟通,需要良好的方法,问题越简单越好,最好是只需要回答'是'或'否',所以不要问:'霍金,我们什么时候午餐?'相反,你要这样问:"霍金,12点吃午餐怎么样?""

霍金的身体状况,使他在不正常人的道路上越走越远,但他却顽固地不把自己放在"残疾人"的队列中。不管他能做什么,不管有多困难,他都会坚持自己去做。正是这种顽强的精神给了他另一个骄傲的地位——霍金博士。

有一次,一个名叫彭罗斯的教授,他在应用数学和理论物理领域研究颇有建树。他将在伦敦国王学院进行一场学术讲座,西阿马教授觉得这是一个千载难逢的好机会,因而便带着霍金在内的四位门生赶赴伦敦。然而,在去伦敦的时候出现了一点小插曲,让霍金差一点没去成伦敦。

当西阿马教授和学生们到达火车站时,火车就要开动了,每个人都得跑去赶火车。就在他们坐在座位上喘着气的时候,突然发现霍金不在身边。他们似乎意识到了什么,然后向窗外望去。只见一个瘦小的身影挣扎着追赶已经徐徐启

宇宙之王霍金

霍金从牛津大学毕业

动的列车，霍金的两名同学从火车上跳下，在最后的关头把霍金拉上了车。

在健康方面，霍金是不幸的，但幸运的是，他有一个乐观的心态，这足以让他以坚强的心态面对所有的遭遇，然后把所有不幸转变成积极进取的力量，从而使一颗明亮的星星诞生在宇宙中。

这次伦敦学术研讨会可以说是霍金人生事业中一个转折点，也是一次难得的机遇。彭罗斯教授在研讨会的报告中论述了黑洞中心时空奇点的想法，这令霍金非常兴奋，因为他早就对"黑洞"和"奇点"充满了兴趣和向往。

在回来的路上，每个人都在讨论他们学到了什么，但是霍金却一句话也没说。他正在考虑如何具体化或发展彭罗斯的想法。因而，霍金似乎是无意识地对西阿马教授说：

"老师，你说如果彭罗斯的奇点理论应用到宇宙将会发生什么？"

西阿马教授听到霍金的话，马上愣住了，看到霍金并没有再问下去，而是又陷入了沉思，西阿马教授知道这是他脑中突然蹦出来的想法。

第十一章　摘取剑桥博士桂冠

于是，他在惊喜之余，马上打断了霍金："霍金，你刚刚的想法真是太奇妙了！或许真的可以这样做，你完全可以试试！"

西阿马教授的话给了霍金很大的鼓舞。霍金认为，虽然这只是一个很随意的想法，但是也有必要把它变成一个理论。于是，在接下来的几个月里，霍金开始致力于这项研究。这可能是他第一次做这么严肃的事情。霍金为自己找到了正确的方向，并且非常喜欢它。"宇宙之王"就在现在开始起步了。

"奇点"作为一个研讨题目，得到了西阿马教授的大力支持，他建议霍金把这个课题写成博士论文。霍金采纳了西阿马教授的倡议，开始加倍认真地进行计算。功夫不负有心人，终于得出了结果，霍金开始着手写自己的博士论文。论文完成了，得出的结论是，宇宙在过去是一个奇点。

学员论文委员会的教授们审查了霍金的论文，一致认为论文的最后一章很有才华，博士论文成功通过，霍金在剑桥大学获得博士学位。这一年，霍金23岁。

拥有博士学位的霍金随后又申请了凯斯学院研究员，这次的申请过程就不那么顺利了。剑桥大学的规定是，如果一个博生想要申请研究员，他需要得到两个有影响力的人的推荐。显然，第一个人是他的导师西阿马教授，第二个人应该去找谁？

对于霍金来说，一位刚刚成为博士的年轻学者，在这个

行业几乎没有什么关系。这时候，导师西阿马教授为他推荐了一个人——赫尔曼·邦迪教授，霍金也记起来，他曾多次和同学们赶往伦敦的国王学院去听邦迪教授开设的狭义相对论的讲座。

霍金觉得西阿马教授的建议可行，于是就在邦迪来剑桥大学讲课的时候求见了他。邦迪在国王学院对霍金有着隐隐的印象，他也听说了霍金曾经在学术研讨会上挑战霍伊尔的事情，他很赞赏霍金勇于挑战权威的勇气，便欣然答应为他写推荐信。

在那之后，霍金开始等待结果，但没想到邦迪很快忘记了此事。凯斯学院寄来的不是一封录取霍金申请的邀请函，而是一封拒绝信，大意是：邦迪教授的确是霍金向凯斯学院申请的推荐人。但因没有向凯斯学院提交一份推荐信，手续不全，无法录取。

霍金感觉异常失望，然而他不想这样放弃，于是他通过导师西阿马教授联系上了邦迪，再次请求邦迪为他写一封推荐信。邦迪记得他曾经答应这么做，所以他为霍金写了一封高度赞扬的推荐信，最后霍金终于成为凯斯学院的一名研究员。这意味着霍金在大学里有一份有报酬的应用数学和理论物理工作，而霍金很乐意接受他喜欢的工作，并以此为生。

霍金的工作已经步入正轨，其在业内的声誉也在上升。他开始被邀请参加学术研讨会和科学讲座，在那里他受到了钦佩和尊重。

两年的期限悄然来临，是像医生所言的那样油尽灯枯，走向生命的终点，还是与死亡顽强的对抗，创造生命的奇迹？霍金命运，似乎进入了另一个阶段。

> **成长加油站**
>
> 虽然面临不治之症，但是霍金最终还是看开了命运，他开始顽强地向命运挑战，他找到了自己要追求的目标，置身于科学和宇宙的世界中翱翔，在黑洞和奇点理论上一跃成为剑桥大学的博士，又一鼓作气成为凯斯学院的研究员，有了一份稳定的科研工作，那正是他所热爱的。虽然面对命运的不公，但凭着顽强的毅力和执着的精神，霍金取得了常人所不能取得的成就。

延伸思考

1. 霍金是如何获得剑桥大学的博士学位的？

2. 在两年的有限生命里，霍金竟然能获得博士学位，这种精神对你有什么启发意义？

第十二章　患难夫妻终分手

1962年，霍金进入剑桥大学第一学期，身体慢慢出现了一些病症迹象。他总是心情不好，加上在学术方向的选择上感到困惑，这使他整天郁闷沉思。

有一天，他低头走在路上，突然传来一个清脆的声音："霍金！"喊霍金的名字是一个穿白色连衣裙的女孩，她的名字叫戴安娜，是霍金妹妹的同学。而戴安娜身边有一个名叫简·怀尔德的女孩儿也认出了霍金，她和霍金曾经是小学同学。那个时候，简比霍金低一级，如果初年级的老师没来上课，低年级的学生就会到高年级的课堂一起上课，这样简也见过霍金。

简是一个活泼、善良、温柔、漂亮的女孩，父母是公务员。霍金认出了简，朝她微笑。霍金的微笑似乎总是有一种独特的魅力，简被阳光灿烂的微笑深深地吸引住了。与简道别后，霍金期望两个人能再见面。

1963年1月，戴安娜邀请简参加聚会，简高兴地答应了。令简吃惊的是，她在晚会上又见到了霍金。霍金仍然很瘦，

第十二章 患难夫妻终分手

靠在一张长桌上支撑着他摇摇晃晃的身体。他正愉快地与朋友们交谈，那种充满阳光灿烂的微笑又出现在简的面前。

霍金没有注意到简。直到晚会结束时，简才过来与霍金打招呼。霍金看到他面前这个漂亮的姑娘，紧张地结结巴巴地说着话，使简有些慌乱地笑了笑，霍金也羞怯地笑了起来。最后，在晚会结束时，他们互相留了名字和地址。

几天后，霍金邀请简参加他的21岁生日聚会。简欣然接受了，但她却为给霍金什么样的生日礼物而发愁。毕竟，他们只见过几次面，而她对霍金知之甚少。考虑到这一点，简决定给霍金一张CD券。

但是，在霍金21岁生日后不久，一个不好的消息从医院传来——霍金被诊断患有运动神经元疾病，只剩下两年生命了。听到这个消息，霍金颇受打击，整个人变得颓废和抑郁，并因酗酒而住院。简对此一无所知。

直到2月的一个周末，简与戴安娜一起聊天，戴安娜说的一句话深深地触动了简的心。

戴安娜问简："简，你还记得斯蒂芬·霍金吗？"

突然听到霍金的名字，简的心狂跳起来。

1965年，霍金与首任妻子简举行婚礼

戴安娜接着说:"霍金病了,在医院住了两个星期,医生告诉他,他得了一种不治之症,是无法治愈的,似乎只有两年的生命。"

简有点难以置信,她想:为什么这么突然?我上次见到他时,他精力充沛,总是微笑。简还没来得及多想,就焦急地问道:"他现在怎么样了?"

戴安娜摇了摇头:"我不太清楚。他现在病情应该是稳定的,但他的行动似乎不太灵活。"

在接下来的几天里,简非常担心,一直惦记着霍金。就在一个星期之后,简在火车站遇见了霍金。虽然他还像以前那样摇摇晃晃地走着,但看上去精神状态还不错。霍金也发现了简,显出一种很惊喜的表情。

简在伦敦上学,霍金要回剑桥,他们在火车上愉快地交谈。简提到霍金的病,并对他表示关切,但霍金似乎不想谈论这件事,既然现在平安无事,那就没必要提这些不愉快的事了。

在这个周末,霍金还邀请简去看歌剧,简很高兴。后来,霍金经常邀请简去看歌剧,他们之间的关系正在升温。

5月的一天,霍金打电话给简,邀请她去剑桥大学参加五月舞会,这使简非常吃惊。剑桥大学的五月舞会是每个女孩的梦想,被邀请参加的女孩将会被许多人羡慕。

五月的舞会结束后,简以为她和霍金的关系会越来越好，但事实是，霍金突然对简的态度越来越差，有时还粗鲁地、大声地对她说话。

当简伤心的时候，她深深地理解了霍金——霍金认为他的生命快要结束了，他不想连累她。但简现在不想放手，她向霍金明确表示，即使在他的生命中只剩下一天，她也会和霍金在一起。霍金的忧郁情绪被简的热恋所融化，他无法拒绝简的爱，因为他也已经陷入其中。两人的感情急剧升温，在爱情的洗礼下，简越来越迷人，霍金也变得乐观开朗。他开始积极面对生活，因为明天是未知的，所以在今天一定要活得好好的。

1964年10月的一天晚上，霍金在剑桥河边吞吞吐吐地向简求婚，简在惊喜之余，羞涩地点了点头，答应了霍金的求婚。

此时此刻，他们俩都非常高兴。然而，在通往婚姻的道路上，霍金和简承受着巨大的压力。之后，霍金和简订婚了，霍金突然感到一种责任感，也更加坚定了要活下去的决心和勇气。他清楚地明白，要迎娶简，他必须有一份足以独立支撑家庭的工作。于是，霍金开始努力学习，在"黑洞"和"奇点"理论的机遇下完成了博士论文。经过几次曲折，霍金终于申请到了凯斯学院的研究员岗位，并找到了一份研究工作。到目前为止，他们似乎看到了未来的曙光。

1965年，医生的预言奇迹般地失败了。霍金没有因病而死，而是在科学的道路上走得越来越远，这使得简非常高兴。这年的7月15日，这对一路走来的患难情侣终于走进了婚姻的殿堂。

结婚后，简意识到她有责任成为一位好妻子，她一边继续自己的学业，一边照顾身体状况恶化的霍金。

后来，简怀孕了，但是霍金的身体越来越差了。1967年5月28日，霍金和简的长子罗伯特出生，儿子的出生给这个困难的家庭带来了欢乐。简意识到当母亲的艰辛，她忙于写自己的博士论文；霍金的手指不能再写了，他的病情恶化，他需要更频繁、更复杂的护理；儿子也十分调皮，总是让她忙得精疲力竭。但简很享受当母亲的乐趣。

1970年11月2日，霍金和简的二女儿露西出生了。1979年，两人的小儿子蒂莫西也出生了。在这期间，霍金开始坐在轮椅上。在轮椅的帮助下，简的负担减轻了。

随着三个孩子的成长，简经常看着三个孩子在一起玩耍嬉戏。这时，她感到很高兴，尽管她累了，但心里是幸福的。

时间过得很快，一晃25年就过去了，三个孩子都长大成人了。她的事业，孩子的成长，以及丈夫的生活，所有的一切都压在简的肩膀上，简从一个二十多岁的女孩成长为一个饱经风霜的家庭主妇。这么多年来，她付出了太多，她很累。这段关系已接近老年，似乎有些飘忽不定。

这段婚姻的真正障碍是宗教。简的一家都是虔诚的教徒，而霍金是一个完全无神论者。观念上的差异使得简和霍

第十二章 患难夫妻终分手

金渐行渐远。

1990年,霍金和简分居。5年后,他们离婚了,这段传奇的婚姻终于结束了。

当霍金的名声在世界各地传播时,在鲜花和掌声的背后,简一直在默默无闻地奉献着自己的一切。虽然她和霍金已经离婚了,但霍金和简还是互相感恩着对方。

> **成长加油站**
>
> 在剑桥大学的校园里,霍金收获了自己的爱情,也使得霍金找回了生活的勇气,继续朝着自己的人生目标前进。霍金和简走到一起并养育了三个孩子直到成人,一路走来实则不易,但最后的结果却让人痛感惋惜。有人说,婚姻要靠缘分,也有人说,婚姻重在经营。但实际上,婚姻需要缘分,却更需要经营。而霍金只看到了缘分,却忽略了经营。

延伸思考

在剑桥大学的校园里,霍金是怎样收获自己的爱情的?

第十三章 "霍金辐射"艰难问世

在霍金被诊断患有ALS的两年后,事实证明,医生的预测已经失败,而霍金仍顽强地活着。他的病情恶化趋缓,他已经战胜了自己的命运。

面临霍金的不治之症,最为心酸的莫过于霍金的父母了。弗兰克作为资深的医学学者,为了霍金病情,始终都在竭力研究ALS,尽管没有什么明确的发展,但总有一些延缓的方法——他研究出了一种用维生素和类胆固醇调配而成的药方,用来延缓病情恶化的速度。霍金也相信他的父亲能治好他的病,所以也坚持服药。直到1968年霍金26岁,父亲去世。

霍金肌肉萎缩,语言能力丧失,他的家人或密友都能够理解他,他与外界的交流通常需要翻译,但是霍金认为自己是一个正常的人。直到20世纪60年代末,霍金才同意坐轮椅。病情在好转,性格也越来越坚毅,虽然他是个病人,但在家人、朋友、导师西阿马教授和同学们的眼中,霍金仍然是一个面带微笑,永不屈服的年轻人。

第十三章 "霍金辐射"艰难问世

霍金婚礼照片

霍金的这种病使他的身体很虚弱，外界一点轻微的刺激，对他来说可能都是致命的伤害。

1976年春天，乍暖还寒的天气总是让人觉得不舒服。早餐后，霍金的家庭成员不同程度地感到喉咙发痒，伴随着轻微的疼痛，房间里似乎充满了刺鼻的气味。意识到情况的严重性，家人迅速打开窗户通风，到厨房对所有的煤气设施做了全面检查，然后补充了大量的水，让每个人都逃过了一劫。

原本以为大家都已经从危险中恢复过来了，但第二天，霍金却开始发高烧，似乎昨天的刺激累积到今天，开始发作。家人计划立即送霍金到医院，也许是因为慢性病患者对医院有一种排斥。霍金拒绝去医院。据他说，他不相信医生。结果，他连呼吸都变得非常困难，每次呼吸都会剧烈咳嗽，然而，他还是拒绝去医院。简担心他的健康，她不能忍受看他这么痛苦，于是她请了一位家庭医生。这位家庭医生建议霍金服用止咳药，但霍金认为这只会抑制身体的自然反应，没有人能比自己更了解自己的病情。

到了晚上，霍金的病情变得更严重，呼吸愈来愈困难，

家人看到霍金的情况，急忙叫来了救护车，把霍金送进了医院。

当霍金到达医院时已经昏迷，医生立即进行紧急抢救。简焦急地等在病房外，经过抢救，医生证实霍金是急性胸部感染。

第二天，霍金的症状减轻了。两天后，霍金出院了。但是突然的生病使他消耗了大量的精力，也使他看起来更加虚弱。

霍金行动仅限于轮椅。他只有三个手指、两只眼睛和面部肌肉可以活动。在肌肉萎缩的过程中，他的身体开始严重变形，头只能向右倾斜，肩膀也处于左高右低的状态，进食时，要很用力的抬起头。当阅读一本书时，他需要依靠一台旋转机。如果有活页的文献，需要人们把每一页都放在一张大桌子上，然后霍金驾驶电动轮椅开始慢慢阅读。

肌萎缩症如此折磨着霍金，使他的容貌出现了很大的变化。对于普通人来说，改变几乎无法被接受，但霍金却是不一样的，此刻他有了自己的事业，这项事业给了他永不放弃、敢于挑战命运的勇气。他告诉自己，他不能倒下，他的生命价值远远没有发挥出来，身体的病痛变得不重要，但重要的是他有一个清晰而明智的大脑。

1973年，霍金31岁。11月，他发表了一份令人震惊的声明，在科学界引起轩然大波，著名的"霍金辐射"理论问世了。但它的出现却引起了人们的反对和怀疑，多年后才得到了世界各国的认可。虽然这是一个伟大而重要的发现，但它的发现和被人们认可却是非常坎坷的。

当时，黑洞的研究异常火爆，发展的速度也是惊人的。在物理学中，广义相对论和量子物理学是研究的重要支柱，这两个学科之间没有交叉之处，也没有人会想到将它们结合起来。事实上，这将是非常困难的，但正是因为这一点引起了霍金的注意。

霍金在这时已经无法用手写字了，所有的思考都需要在脑海中完成。经过几个月的研究，霍金突然发现了一个不寻常的信息，黑洞似乎在发出辐射。每当想到它，霍金就会皱眉头，因为在当时的科学界大家认为"黑洞辐射"理论简直荒谬，甚至他也认为那是不可能的。然而，这个结论在计算中清楚地显现出来。是我自己算错了吗？但脑海中总是有一种直觉告诉霍金，它可能是对的。

为了进一步证实这一观点，霍金开始使用心智方程一遍又一遍地计算，但每次都得出相同的结论，即没有错误。这使霍金确信，微小的黑洞会在一定的条件下发射出辐射并爆炸。

这个结论已经得出，但现在只有霍金知道，即使它被公开，也许只有霍金自己会相信，所以霍金仍然犹豫不决。起初，他按捺不住心里的激动，把这个论断告诉了他的导师西

宇宙之王霍金

阿马教授，令霍金没有想到的是，西阿马竟然非常感兴趣，他不仅没有认为很荒谬，反而非常相信这个结论。他勉励霍金大胆勇敢地公之于世，并且眼下就有一个非常合适的机会——西阿马教授即将召开一场学术会议，届时，这项伟大的发现便可以公开亮相。

会议将在牛津郊外的卢瑟福·阿普尔顿实验室举行，霍金乘车提前到达会议场地。

他静静地坐在观众席上，看着学者们上台宣布他们的最新研究成果。最后是霍金上台。当他驱动着电动轮椅慢慢地来到讲台上时，整个会场都安静下来了。每个人都怀着敬畏的心情看着这位伟大的科学家，希望他能带来令人惊奇的新的研究成果。

当他用他那几乎模糊不清但有力的语言阐述完他的发现后，整个会场开始沉默了，大家默不作声。空气中的寂静压得人们喘不过气来，沉默过后终于爆发了。大家觉得霍金这一次带来的研究结果没有令他们感觉欣喜，反而是震惊，一石激起千层浪，台下爆发

坐在轮椅上的霍金

了激烈争论，附和声、反对声、质疑声此起彼伏，会议主持人泰勒怒气冲冲地指责霍金在胡说八道，并且声称要写一篇抨击霍金这番言论的文章，然后甩手而去，留下暗流汹涌的现场和岿然不动的霍金。

虽然霍金预期会有很大的反应，却从未想过会有这么大的反应。但这些结论已经公布，最终只能取决于研究人员去论证是否正确。霍金保持沉默，但骄傲地抬起头来，相信正确的科学结论迟早会被世界所接受。

泰勒写了一篇反对霍金的文章并投给了《自然》杂志社，《自然》杂志社的编辑人员把原稿转寄给霍金，询问他是否同意刊载。霍金无动于衷地回答：赞成出版，现在不是争论的时候，当尘埃落定，对与错终将明朗。

一个月后，霍金在《自然》杂志上发表了一篇关于这一新发现的论文。此时，全世界都在讨论霍金的新发现，不少物理学家赞成这项发现很有意义，西阿马教授也声称这篇论文是"物理学史上最优美的论文之一"。因此，这种黑洞辐射理论统称为"霍金辐射"。

经过几年的研究，"霍金辐射"的合理性终于得到了证实。科学界权威也高度尊重霍金的成就，霍金于1974年3月成为皇家学会的成员，这是科学界的最高荣誉之一。

"霍金辐射"走过了曲折的历程，就如同霍金艰难的一生。此后，这个在命运面前愈挫愈勇的伟大科学家还将面临怎样的灾难，又会创造什么样的奇迹呢？

宇宙之王霍金

成长加油站

霍金顽强地挑战着命运，打破了两年之期的预言。他不甘残障恶疾的侵蚀，在残忍的命运面前迎难而上，将所有的挫折和苦难都化为勇往直前的动力。科学是霍金活下去的支撑，宇宙是霍金生命的延续，不管面临多大的苦难和压力，他都能够做到不改初衷。

延伸思考

1. "霍金辐射"理论是如何艰难问世的？

2. "霍金辐射"理论艰难问世，说明了什么科学道理？

第十四章　再次掉进"婚姻的黑洞"

1974年以前，霍金通常不接受他人的帮助。但随着病情恶化，他被永久地限制在轮椅上，生活开始无法自理。一些关于穿衣、洗澡、吃饭等琐事都需要他的妻子简的帮助。

简不仅要照顾她的孩子，又要忙于自己的事业，而且她还要花更多时间和精力来照顾霍金。再说，毕竟她不是专业护士，霍金护理需要更好的专业护理工来完成。

后来，霍金感染了肺炎，接受了气管切开术，丧失了说话能力，这意味着对霍金的护理将更加繁重。霍金的护理已成为一个急于解决的问题。于是，简雇用一些专业的家庭护士，一天之内轮番三班做护理，但这是一份极其繁重而乏味的工作，许多人几天后就离开了。

后来，只有一位名叫伊莱恩·梅森的护理工长期为霍金护理，她在护理工作方面有着深厚的经验，就这样，伊莱恩·梅森进入了霍金的生活。

霍金和伊莱恩越走越近的事实让简很生气，简和伊莱恩发生了几次争执。后来，伊莱恩与丈夫离婚，顺理成章地担

负起照顾霍金的生活起居的责任。

从那时起，去世界各地发表演讲，陪同霍金出国的人已经从原来的简变成了现在的伊莱恩。伊莱恩一直照顾着霍金，并在霍金病重时救了他的命。当时霍金的身体状况不是很乐观，经常需要呼吸器来保持平稳的呼吸。

在一个炎热的早晨，伊莱恩帮助霍金吃完早餐，给霍金戴上呼吸器，让他在轮椅上休息一会儿。然后她去洗碗，在书房里整理一天所需的学术论文稿件。

然而，当伊莱恩很忙的时候，可能是因为太热了，霍金在轮椅上睡着了，呼吸器不小心滑落了。霍金突然感到呼吸急促，虽然他意识到呼吸器滑落了，但无法动弹。炎热的天气和缺氧使霍金更加无力，几分钟内，霍金就陷入了昏迷。

这时，另一位护士冲进书房，对伊莱恩喊道："伊莱恩，霍金先生晕倒了！快去看看！"

伊莱恩冲到霍金的前面，作为一名专业护士，她有很强的专业反应能力。她迅速拿起呼吸器给霍金戴上，同时让霍金平躺，调整轮椅的靠背，以确保霍金可以顺利呼吸。然后她立即打电话给医院，抢救霍金。由于及时抢救以及伊莱恩在康复期间精心的专业护理，霍金的病情终于稳定下来。

霍金开始依赖伊莱恩的护理，她的专业护理使霍金感到非常舒适，除了伊莱恩的护理，他不想与照顾他的其他护理人员有太多接触。作为一位高高在上的科学家，霍金是孤独

第十四章 再次掉进"婚姻的黑洞"

的，他需要一个可以交谈的人，所以伊莱恩成了这个人。霍金觉得，即使他有自己的家庭，他也离不开她。

霍金对伊莱恩来说也有特殊的含义。在科学的道路上，她崇拜霍金，并且她更仰慕这样一个病人常常保持乐观的态度，这些都深深地吸引着伊莱恩，她认为自己一定能照顾好霍金。由于她不可能指望霍金从这种疾病中恢复过来，所以她一直陪伴着霍金。

1995年，霍金与他的护理伊莱恩·梅森结婚

1990年，霍金与简分居，5年后离婚。此后不久，霍金与伊莱恩结婚。

霍金与伊莱恩的婚姻并不幸福，在婚礼现场，霍金的孩子一个都没有出席，这使得霍金有些失落。也许这段婚姻从一开始就错了。

2000年，霍金开始经常受伤，从轻伤开始，然后发展到手腕骨折。人们大吃一惊，问他原因，霍金只回答说他从轮椅上摔下来了。

有一次，霍金差点死于太阳下。一位护士在院子看到霍金，他闭上眼睛，皱着眉头，表情非常痛苦，护士试图和他

说话，想把他推到一个凉爽的地方，霍金没有回答。这时，她发现霍金昏迷了，于是她迅速报警，霍金幸免于难。但这件事总让人觉得有人是故意的。

2004年，霍金再次感染肺炎，而在住院期间，医生惊奇地发现，他身上有许多未识别的伤疤，脸上有瘀伤，嘴唇上有尖锐的伤口，手腕也有骨折。针对这些令人震惊的情况，警察开始进行调查，而霍金则不高兴地指控他侵犯了他的私生活。

然则作为霍金的女儿，露西却无意中发现霍金的呼吸器也被人做了手脚，这是明显的"意图谋杀"！看来事情已经到了一个非常严重的地步。

露西报警以后，警察对霍金身旁的照顾护士进行了逐一盘查，发现她们的供词中，大都把矛头隐隐地指向了霍金的妻子——伊莱恩。

在一份护理声明中，护士说伊莱恩故意把霍金的手放在轮椅的轮子上，这足以打断他的手腕。霍金嘴唇上的伤口很可能是伊莱恩在给霍金剃须时留下的，另一件事让每个人都冒出冷汗。霍金曾经让一位护士看他在电脑上打的一行字，上面写着：我不想和伊莱恩单独在一起。

所有这一切似乎把伊莱恩推到了"虐待霍金"的风口浪

尖上。顿时，各种各样的关注随之而来，各种各样的怀疑也随之而来。面对来自世界各地的种种反应，霍金依然保持沉默。他只是否认了妻子关于虐待他的指控，并谴责了关于这一事件的报道。

面对霍金不合作，警方无法进一步深入调查，霍金周围的人，包括其子女，也都默不作声。这种"虐待风波"也就不了了之，成了一个谜。霍金不想和任何人谈论这件事，现在他似乎又感到孤独了，也许，他注定是一个孤独的人。

2006年，剑桥法院收到霍金的一份离婚申请，10月19日，他在剑桥家中与第二任妻子达成离婚协议。第二天，64岁的霍金和55岁的伊莱恩离婚。

霍金和伊莱恩协议离婚，这是两个人商议的结果，没有其他人参与。对于离婚的原因有不同的看法。对于霍金来说，这似乎不再重要。既然我们不能在一起，就放手吧，让彼此自由吧。

第二次婚姻以失败告终，离婚后，他和一位管家住在一起，生活起居也依赖剑桥大学提供的看护小组。

霍金儿女已经长大，晚年的霍金开始渴望与自己的孩子享受天伦之乐。他开始与简和孩子们交往，经常去简家参加家庭聚会，有时还去孩子家。简和孩子们似乎回到霍金的从前，这是一种安慰和温暖。

宇宙之王霍金

25年风雨同舟的情谊，不会因为一朝一夕的分离而消失殆尽，就像一句话所说：往往失去了才会懂得珍惜。只是不知道，霍金能不能分出一些精力去了解女人，了解曾经深爱他的妻子。

成长加油站

与发妻简的婚姻持续了25年后离婚，之后与一位贴身女护士伊莱恩·梅森的婚姻持续了11年。这段婚姻的时间不算短也不算长，最后的结局也令人很难想象。为了照顾霍金的起居，伊莱恩做出了很大的牺牲，虽然如此，却还是以失败而告终了。爱情的方向似乎越来越模糊了，问题到底出在哪里呢？答案恐怕只有在霍金的情感生活中寻找了。

延伸思考

1. 贴身护士伊莱恩是如何走进霍金的生活的？

2. 为什么霍金和伊莱恩的婚姻最终还是以失败告终？

第十五章　霍金的三次中国之行

在很早的时候，霍金的父母曾经到过中国，霍金从父母那里听到了很多关于中国的历史和文化的故事，这使霍金对中国充满了向往。当时，霍金忙于学习，没有时间和父母一起去。后来，他遭受疾病的折磨，以及科研工作的繁忙，他的中国之行似乎不再可能。

但是霍金对中国仍然充满着激情，他想探索这个古老的国家，他对中国的历史、文化和历史遗迹充满了热情，特别是宏伟的长城，那是一千多年前古人的杰作，他很想亲自去走一走。

机会终于来了。20世纪70年代末，中国开始改革开放，一些处于文化前沿的大学首先把注意力转向国外，其中包括安徽合肥的中国科技大学。

中国科学技术大学附属天体物理学小组正在研究黑洞理论，他们想邀请一些精通天体物理学黑洞理论的科学家前来讲课。

1981年，中科大邀请"黑洞"一词的发明者——普林斯顿大学理论物理学教授惠勒来讲座。通过与惠勒教授的交

宇宙之王 霍金

流,天体物理学小组研究工作有了进一步发展。之后,中科大考虑邀请"宇宙之王"霍金前来讲学。

但是,事情没有想象的那么简单,困难重重。

当中科大向英国驻中国大使馆发出邀请时,被拒绝了。因为英国大使馆考虑到霍金的身体状况,怕他对气候和饮食不适应;还有就是人身安全问题,他们认为安徽省合肥只是一个小城市,恐怕无法保证霍金的安全。

但是,中科大的副校长钱临照并没有因此而放弃,其实只需科大在接待霍金的时候做到全面周到,然后确保霍金的人身安全,事情就会有转机。

钱校长首先找到了霍金的代理人,通过他向霍金转达了中科大的邀请。霍金知道后非常高兴,然后开玩笑地说:"只要我能活着回到剑桥,无论我去哪里都行。"

中科大便开始多方想办法,终于在1983年邀请到霍金的一名学生——伯纳德·卡尔。卡尔师从霍金研究黑洞理论,他曾和霍金研讨过"小黑洞"的理论,在当时已小有成就。

而卡尔这次应邀前来的目的,除了进行演讲,实则是来实地调查一番,看看科大是否适合霍金前来。卡尔回到英国以后,向霍金汇报了自己的中国之行,而且明确表示,霍金完全可以去科大讲学,这令霍金兴奋不已。

1984年,中科大再次发出邀请信,英国驻中国大使馆这次并没有拒绝,霍金的第一次中国之行终于迈出了第一步。

第十五章　霍金的三次中国之行

　　1985年4月28日，霍金在卡尔和约兰特两位研究生的陪同下来到了中科大。霍金一行在科大逗留了4天，在这期间，卡尔在上次做了题为"人择道理"的报告之后，又做了一个报告。霍金共做了两个报告，第一个报告是《黑洞形成理论》，这是高度专业的；第二个报告是《为什么时间总是向前进》，这个报告通俗易懂，应该说是大家都很关注的问题。

　　后来，北京大学的刘辽教授也向霍金发出了邀请，霍金应邀来到了中国的首都北京。因为没有学术讲座和演讲，霍金和他的研究生自然要轻松得多。在访问北京大学之后，霍金主动提出想爬长城，想去长城看一看。霍金的提议令在场的所有人都犯难了。最后，大家想出了一个好办法——让霍金的两位研究生抬着霍金的轮椅去爬长城。霍金满意地露出了孩子般的笑容，却辛苦了卡尔和约兰特两位研究生。

　　第一次中国之行很顺利，圆了霍金多年的梦想——去长城看一看。但是回到英国后，霍金身体出现了问题，咳嗽和以前一样厉害，但这一次他的吞咽产生了严重的不适。每天晚上，霍金都咳得很厉害，以至于不能入睡。

　　虽然这次中国之行确实使霍金大病一场，但是每当谈到这次中国之行，他还是会表现出意犹未尽的感觉，霍金感到他与中国的缘分似乎还要延长。

　　也许这份缘分真的要延长了。12年以后的一天，霍金又

宇宙之王霍金

想起了在中国的短暂旅行的经历，当时霍金有一个名叫吴忠超的中国学生，他曾向吴忠超提起过想要再度访问中国。

2002年8月，霍金再次来到中国。这一次，他作为著名的数学专家和学者应邀参加了在北京举行的24届国际数学大会。

这一次，陪伴霍金前来的不是他的妻子简，而是他的贴身护士，也是他的第二任妻子伊莱恩，吴忠超则作为霍金的翻译，一起前来中国。

霍金一行先是抵达杭州，并且受到中方接待员的热烈欢迎，霍金一行被安排在杭州香格里拉酒店住下。8月11日，举办方在香格里拉酒店举行的记者招待会上，霍金流畅幽默地回答了记者的提问，不时露出孩子般的笑容，让与会者有一种温暖的感觉。

在招待会上，霍金回答了一些更有趣的问题。招待会的最后一个环节是赠书活动，霍金获赠自己的著作《时间简史》和《果壳中的宇宙》（附有插图的精装版）图书。

8月15日，霍金应邀在浙江大学发表演

2001年10月，《果壳中的宇宙》出版发行

讲。演讲的主题是《膜的新奇世界》。而台下的学生并不全是浙江大学的学子,一些上海大学的学子也都慕名而来。整个场地都挤满了座位,足足有3000多人,场面非常壮观。

演讲结束后,学校领导建议陪同霍金夫妇参观西湖,这正符合霍金的心意。在浙江大学丘成桐教授和吴忠超的陪同下,霍金夫妇乘坐画舫开始在水上游览西湖,丘成桐教授热心地为霍金夫妇指引着方向,不时地介绍西湖上各处有名的景点。

游览结束后,霍金来到一家纪念品商店,看到了一个鼻烟壶上印着自己的彩色头像,这令他兴奋不已。此次游览西湖,霍金得到的礼物便是这个鼻烟壶。而伊莱恩在去取之前订做的中国旗袍时,也获得了一件丝绸睡衣的礼物。

杭州的旅行即将结束,霍金非常喜欢这个美丽的城市,西湖的美丽景色使他流连忘返。国际数学大会即将召开,霍金一行乘飞机抵达北京。在数学大会上,霍金演讲的主题与浙江大学一样,都是《膜的新奇世界》。

曾两次访问中国的霍金迷上了中国,他与中国的缘分似乎还在继续。4年后,霍金再次来到了中国。

2006年,超弦国际会议将在北京举行,霍金应邀参加。6月12日,霍金首次抵达中国香港,并在香港科技大学逗留了4天。这次陪伴霍金前来的是他的女儿露西。像往常一样,霍金的旅程虽然时间短促,但仍然要游览下当地的风景。霍金

宇宙之王霍金

得知香港有着独特明亮的夜景，于是在香港科技大学进行了学术讨论和演讲之后，乘船穿梭于香港的夜景之中。他称赞香港是一个充满活力和时尚的城市。

6月15日，香港特别行政区行政长官在礼宾府会见了霍金。之后，霍金回到了科技大学，做了一个题为"宇宙的起源"的科普讲座。由于这是一门科普知识，讲座的内容比较容易理解，会场有1800多名听众，所有的人都充满了热情。

6月17日，霍金一行乘飞机抵达北京，参加超弦国际会议。在北京的两次讲座中，霍金讲的主题是《宇宙的起源》。

霍金在中国的影响正在逐渐增强，"霍金热"在中国大地正悄然兴起。

在北京讲座那一天，人民大会堂两层挤满了6000多人。这次演讲会创造了国际物理学术讲演会听众人数之最。

在超弦国际会议上发言的专家和学者来自世界各地，霍金最后一个登上讲台。中午时分，霍金坐在智能轮椅上，被一名助手推上讲台。观众爆发出热烈的掌声。霍金使用语音合成器进行演讲，霍金研究小组为此仔细制作了相应演讲的幻灯片，整个演讲震惊了听众。

6月23日，霍金在北京做了最后一场演讲，此次演讲的题目是《宇宙的半径点膨胀模型》，这个课题有着很强的学术性，面对的人群也是物理学界的顶级学者。

第十五章 霍金的三次中国之行

霍金的第三次中国之行非常圆满，这位"宇宙之王"的高大形象已经深深印在了中国民众的心里。从香港开始，"霍金热"就在中国迅速蔓延开来，他的著作也被译成中国文字，被人们广为传播。

6月24日，霍金一行提前两个小时到达首都机场的贵宾通道。在这里，霍金回答了记者对第三次中国之行的感想，霍金面露微笑，语音合成器发出他愉快和不舍的声音："我很喜欢这次中国之行。"中午11点整，飞机起飞，霍金结束了第三次中国之行，回到了英国。

成长加油站

霍金与中国有过三次不解之缘，在参加各项学术会议和演讲之前，霍金都会先来到中国的其他地方游览一番。霍金的中国之行传播了神秘的宇宙奥妙的种子，也使得中国学者对于科学的重视程度有了空前提高。同时霍金呼吁公众关注科学，了解宇宙。

延伸思考

1. 霍金的三次中国之行，都去了哪些地方游览？

2. 霍金来中国进行讲学和演讲，对中国的学术界产生了哪些影响？

第十六章 从学者到影视娱乐明星

《荒岛唱片》是英国BBC电台的经典王牌节目。节目的每一集都将在BBC四台播出,节目的每一集都会邀请一位嘉宾。每一期都有相同的主题——把你送到一个荒岛,如果你只有八张唱片,一本除了《圣经》和莎士比亚著作以外的书,还有一份没有实际用途的奢侈品,你会选择带什么?理由是什么呢?然后,围绕这些选择,主持人将与嘉宾讨论过去的生活。

1992年圣诞节,霍金应邀担任本期节目的嘉宾,他的声音通过广播传到了英国的每一个角落。霍金喜欢这种在公众面前活跃并与公众互动的活动。

不久之后,霍金获得了出现在屏幕上的机会,应英国电信的邀请,霍金将拍摄一则广告,作为该公司的代言人,广告时长为一分半钟。其主要内容是表明信息交流在人们的日常生活中起着非常重要的作用,其目的是让人们注意到电话的实用性,进而从侧面推广电信业务。

在一位专家和学者的基础上,霍金又增加了另一个身份——广告明星。因此,当公众提到他时,他被贴上了"电

第十六章 从学者到影视娱乐明星

信代言人"的标签。这种多重身份反映了霍金丰富多彩的生活,使霍金感到非常充实。

霍金虽然失去了行动的能力,但他的爱好正在增多。他希望把他的科学研究推广给公众,试图把学术成果写成作品、电视纪录片,让更多的人能够了解。

后来,霍金开始演电影和电视剧。在许多电视剧中出演之后,他喜欢做演员的感觉,并且总是想挑战反派角色。

霍金出演动画片《辛普森一家》和《飞出个未来》,亲自配音

2016年4月12日,霍金在中国发布了微博,8小时内便拥有超过127万粉丝,这促使网民称赞他是新的"网络名人"。霍金的第一条微博讲述了三次中国之行,他希望与网友分享生活和工作经历,并在相互学习方面取得进展。

霍金出版了许多书籍,以推广他的学术著作和传播科学理论。其中包括以普及科学为目的学术理论书籍和公共书籍,如霍金的名著《时间简史》。霍金还在世界各地发表演讲和参加研讨会。

但是霍金认为这样的宣传是不够的。他首先要提高自己的知名度,如果他能得到公众的关注和普遍的认可,他的学术成就自然会得到推广。考虑到这一点,霍金开始了"宣传"计划。

霍金首先试图把复杂而困难的宇宙理论变成一部受欢迎的纪录片,然后把它放到屏幕上,让许多观众能够看到和理解它。

进入20世纪90年代以来,霍金频频出现在广播电视上,越来越为公众所熟悉。他的生活似乎已经从科学研究室转到了电视屏幕。他是一位科学家、物理学家、数学家等,同时也是一个"荧屏明星"。

1993年1月,霍金参演《星际航行:下一代》。这部剧充满了大量的科幻元素,许多已故的著名人物通过霍金所处的时空隧道聚集在一个单独的空间里。已故伟大的科学家爱因斯坦、牛顿,他们与霍金坐在同一张桌前打扑克牌。霍金喜欢当演员的这种感觉。

1997年10月13日,一部名为《斯蒂芬·霍金的宇宙》的纪录片在电视上播出,霍金再次出现在荧幕上,向公众展示了一位科学家同时也是一名演员的霍金。

这部电影以纪录片的形式,以通俗易懂的语言演绎出复杂而深刻的宇宙知识,成为一部为大众所喜爱的科普电影,这是霍金以一种特殊的形式向公众传播科学。

1999年,霍金分别在《辛普森一家》和《飞出未来》中饰演物理学家。这两部剧都是动画电影,霍金以动画的形式出现在剧中,并且亲自为自己的角色配音。

2006年,霍金在《地平线外》中扮演了重要角色,并负责解释这些图片。

第十六章　从学者到影视娱乐明星

2007年，霍金开始客串美国流行的戏剧《生活大爆炸》，虽然在剧中只出现了两分钟，但赢得了很高的收视率。

霍金曾说过，他生来就是一名演员，观众称赞他的演技，那双炯炯有神的眼睛总是散发出迷人的魅力。霍金喜欢当演员的感觉，也许是由于不同身份的互换带来不同的生活体验。独特的演艺生涯给霍金带来了不同的人生。透过荧屏，公众对霍金的理解更加深刻。一位网友曾说："在我看到《斯蒂芬·霍金的宇宙》之前，我一直以为霍金是个作家。"可见，荧屏对霍金的人气扩展有着实质性的帮助。

20世纪90年代以来，霍金涉足影视领域，也出现在许多热门电影和电视剧中。但是霍金似乎不满足这一点，所以他的眼目光开始转向音乐——与当时实力强大的乐队Pink Floyd合作，在他们专辑里录音。

霍金小时候，他的父母经常带他去歌剧院看歌剧。霍金从小就对音乐产生了浓厚的兴趣，并具有一定的音乐天赋。

霍金和Pink Floyd一起合作了两次，相隔10年。

1994年，霍金第一次与Pink Floyd合作，4月5日，他发行了一张新专辑，名为《The Division》。

10年之后，也就是2004年，Pink Floyd又出了一张新专辑——《The Endless River》。在这张专辑里，有一首名为"Talkin' Hawkin"的歌曲，同样，霍金也参与了演唱。

虽然被誉为"宇宙之王"的霍金在科学界是当之无愧的明星，但是他偏偏是一个不容易满足又闲不住的人，于是他

又把目光投向了娱乐界。正是因为涉足娱乐领域，他才会被更多的人所熟知。而公众在认识他的基础上，开始接近他的学术思想。可以说，霍金把自己演员、歌手、代言人的身份当作自我宣传和传播学术成就的途径，而且取得了成功。

成长加油站

在科研领域，霍金是一位专家学者。但霍金还有一些科研领域之外的身份，比如娱乐明星。霍金曾经在广播电台做过嘉宾，后来也拍过一些经典的广告，最后他还走上了参演影视剧的行列，出演、客串过多部热播影视。在学术明星和娱乐明星之间自由转换，使得学术和娱乐能够相互促进。做到这样，其实并不容易，然而霍金却是游刃有余。因此，我们除了平时学好知识，还要培养各种爱好，全面发展自己的能力。

延伸思考

1. 除了科学家的身份，霍金还拥有哪些身份？

2. 霍金乐于从事广告、影视、娱乐工作，他这样做是为了什么？

第十七章　霍金的黑洞理论

"黑洞"这个名字总是让人感觉神秘而富有想象力。那么，什么是黑洞呢？

黑洞，是指一颗星体体积足够小、质量足够大时，它的引力使得时空中的一块区域出现极端扭曲，产生强大的引力，以至于光都无法逃脱和穿越。现代广义相对论中，黑洞是宇宙空间内存在的一种密度无限大、体积无限小的天体。

黑洞是爱因斯坦广义相对论最著名的预言之一。它的质量和引力场很强，周围的任何辐射和物质都无法逃脱。它就像一个无底洞，任何物质，一旦进入它，似乎永远不会出现，就像一个热力学上完全没有反射的黑体，所以它被称为"黑洞"。

具体而言，黑洞就是一个中心密度无限大、时空曲率无限高、体积无限小的奇点，周围是一片虚无，无法用肉眼观察到的空间。最小的黑洞有4个太阳那么大，大的黑洞是太阳质量的万倍以上，而超大黑洞的质量是400万个太阳那么大。在银河系的中央有一个超大黑洞，整个银河系都围绕着黑洞

宇宙之王霍金

运转。

根据广义相对论，黑洞形成的具体过程如下：恒星有自己的生命周期，当其能量逐渐消失时，它将在自己的重力作用下继续压缩、坍塌并最终爆炸。它继续压缩，包括时间和空间，成为一个无限小的奇点，质量不会改变，最终成为一个黑洞。由于高质量的引力，它会吞噬所有的光和周围的任何物质。黑洞是由质量比太阳高几十倍甚至几百倍的恒星衍化而来的。

根据相对论，一颗死亡的恒星坍塌形成黑洞，吞噬邻近区域的所有光和物质。但是英国理论物理学家霍金关于黑洞的"霍金辐射"理论表明，一些粒子可以从黑洞辐射出去，黑洞会因为这种量子效应而失去能量，最终变成一堆放射性物质。也就是说，黑洞完全蒸发了，形成黑洞的物质信息也随之消失了。

1974年，霍金发现了基于广义相对论的黑洞蒸发现象。在量子力学理论中，零能量状态是不存在的。真空并不意味着没有场、粒子和能量，但它是一种能量最低的状态，而不是真正意义上的"真空"。由于质量和能量的等价性，真空中的能量波动会导致基本粒子的产生。根据能量守恒定律，每个基本粒子都会产生相应的反粒子，两者相遇，相互抵消，将质量转化为能量。同样，一定量的能量可以看作是一对正负粒子，所以，在真空的情况下，它意味着没有产生或破坏粒子，这是量子真空的状态。

霍金发现，围绕在每个微黑洞周围的量子真空被其周围的强大引力点极化，这意味着黑洞通过黑体辐射发射粒子，即所谓的霍金辐射。而且有可能通过这个机制黑洞最终会蒸发。

黑洞经常被发现，因为黑洞周围的气体会产生辐射。这是天体物理学中一个叫"吸积"的普遍过程。例如，恒星在自己的重力作用下被气体云破碎和塌陷，气体云是由吸积形成的。黑洞也会吸收靠近它们的一切。此外，霍金发现黑洞也辐射粒子。

霍金还有一个非常重要的发现：黑洞的质量与温度和辐射成反比，即黑洞的质量越大，温度越弱，辐射越低。黑洞的质量越小，温度越高，辐射越强。所以我们可以知道，粒子流只对小黑洞有特殊的影响，对于那些巨大的黑洞，发射粒子的过程非常缓慢，相当于蒸发。这个过程可能超过宇宙的年龄，但假设宇宙寿命足够长，这些巨大的黑洞最终将蒸发。也就是说，黑洞正在吞噬一切，包括它们自己。

但2014年1月24日，霍金在《黑洞的信息保存和天气预报》中提出"宇宙中没有黑洞"和"灰色黑洞"。这个理论震惊了物理学界和整个世界。在这一理论中，霍金指出，黑洞只是一个具有极端物理条件的"灰色区域"，进入黑洞的物质不是永久封闭或消失的，而是可以"返回"到宇宙的。

它们在节点上被"释放"。在这里，霍金提出了"灰洞"理论，并不是说黑洞真的不存在，而是为了解决黑洞中广义相对论与量子理论之间的矛盾。

根据爱因斯坦广义相对论，由于引力的存在，黑洞具有明显的边界，但与宇宙的其他区域没有明显的区别，因此没有引起人们的注意。科学家们以前曾假设如果宇航员掉进黑洞会发生什么？因此，物理学家在广义相对论下，假设宇航员在不知情的情况下掉进黑洞，他将从黑洞的核心奇点飞走。后来，基于量子理论的科学家推断，宇航员不能到达黑洞的核心，黑洞的视界是一个类似于"火墙"的区域，在那里宇航员将直接被"烧焦"。霍金认为，以前对黑洞边界理论的认识还不完善，量子会在黑洞周围引起剧烈的时空波动，因此黑洞周围的"防火墙"边界根本不存在。

同时，霍金还指出，由于黑洞的强引力，黑洞吸收的物质和能量最终将被释放。然而，虽然它们不会在黑洞内部被摧毁，但是它们将会被完全破坏，并且在逃逸之后可能完全改变。

对于科学家来说，黑洞一直是一个未解之谜；对于普通人来说，黑洞有许多神秘的东西。所以有人会问，如果一个人掉进黑洞会发生什么？他们是被撕成碎片，还是毫发无损地逃脱？这也是一个一直困扰着人类的谜团。然而，霍金解释说，掉进黑洞并不一定意味着死亡，可能会逃脱。

第十七章　霍金的黑洞理论

根据霍金辐射，黑洞不断蒸发，黑洞周围有粒子流动。根据量子力学，信息不可能永远毁灭。传统观点认为，一旦物质进入黑洞，它就永远不会逃脱，这意味着它将被摧毁，这与量子力学理论是背道而驰的。因此，霍金指出黑洞吸收的信息可能永远不会真正进入黑洞。

也就是说，一个掉进黑洞的人将无法生存，但他的特征将依然存在。尽管其特性有限，霍金认为，在黑洞之外"丢失"这一信息比消失在黑洞内要好得多。

霍金认为黑洞不是孤立存在的，两个黑洞可能是平行的宇宙通道，黑洞可能与宇宙的另一端相连。这与最新的科学研究是一致的。科学家们最近的研究表明，黑洞的中心可能根本没有这样的奇点，而是一个高度弯曲的时空区域。在这个理论中，引力场不会随着接近黑洞中心而增加，相反，奇点不是终点。当你接近黑洞的中心时，引力会慢慢减小，就像穿过隧道一样，从黑洞的末端到宇宙的另一端，或者可能到另一个宇宙。

因此，霍金还说黑洞不是"永恒的监狱"，当一个人意外进入黑洞时，他可能无法返回他所生活的宇宙，但他很有可能逃到另一个时间和空间。因此，他得出了这样的结论："黑洞实际上并不像人们想象的那样被摧毁，而是作为通往平行宇宙的通道"。

宇宙之王霍金

成长加油站

"黑洞"是宇宙空间内存在的一种密度无限大、体积无限小的天体,所有的物理定理在遇到黑洞之后都会失效。量子力学理论的产生和发展为黑洞的研究提供了新的视角和维度。在20世纪70年代,科学家霍金以量子力学为基础,对黑洞进行了更为仔细和缜密的研究。

延伸思考

1. 什么是黑洞?

2. 关于黑洞理论,霍金对它有哪些与众不同的见解?

第十八章　科普读物《时间简史》

宇宙学作为一门古老而又年轻的学科，人们对它的研究从古至今一直没有停止过。它在人们的探索中不断展示出新奇而神秘的一面，给人类以启发和思索，让人们不断去追寻和探求生命的终极意义。

《时间简史》是一部讲述宇宙学通俗化的物理科普读本。在这本书中，霍金向人们讲述了相对论、时间以及宇宙的起源等天文物理学知识。

1. 宇宙的起源和霍金的宇宙论

在宇宙方面，中国古人曾说过"宇宙是无限的时空"。早在人类远古时代，就有学者提出了关于我们所生活的宇宙的各种理论和观点。1687年，牛顿出版了《自然哲学的数学原理》，其中他完美地解释了时空运动理论，并提出了著名的万有引力定律。然而，这些理论只讨论宇宙的日常形态，但在宇宙的起源和演化方面却没有提及。

1781年，康德出版了哲学著作《纯粹理性的批判》，在这本书中，他提出并探讨了宇宙中是否存在时间的开始和空

间中是否存在边界的问题。

1915年，爱因斯坦提出广义相对论，成为现代宇宙学的理论工具。广义相对论认为，宇宙是一个静态弯曲的封闭体，体积有限，但没有边界。

1927年，比利时数学家勒梅特提出了"大爆炸宇宙论"，到1948年，美国物理学家伽莫夫对宇宙爆炸进行了细致的描绘和勾画，包括爆炸后的宇宙元素的演变、星球的构成、恒星的涌现、生命的降生等。

1929年，哈勃有了一个意义重大的发现：无论从哪个方向，所有的星系都离我们越来越远。这为后来的宇宙爆炸和膨胀理论提供了重要的理论基础。

在20世纪80年代初，科学家创造了宇宙的膨胀模型，指出宇宙是指数膨胀的。但是关于宇宙，人类还没有解决一个问题——"第一个推动"，然后这个问题被霍金把它完美地解决了。

霍金提出了无边界条件的量子宇宙学。宇宙大爆炸理

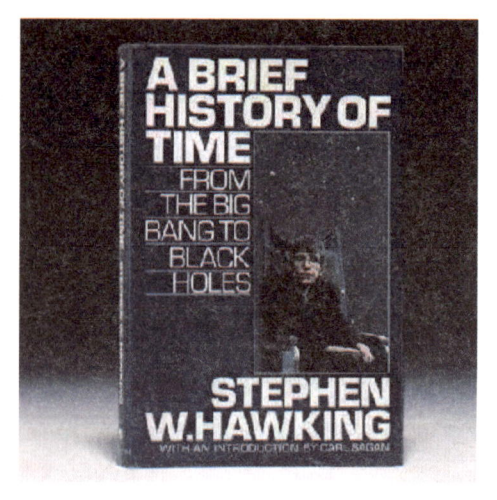

1988年，霍金代表作《时间简史》问世

论基于两个结构：物理定律的普遍适用性和宇宙学原理（宇宙学原理指的是大尺度的宇宙，其物理和化学性质在不同的方向上是相同的，即在物理学上是相同的）。根据霍金的说法，宇宙是一个没有边界和奇点的封闭系统，它处于膨胀、收缩、再膨胀和再收缩的无限循环中。

此外，霍金对宇宙起源有更大胆的看法。他认为，我们生活的宇宙和其他可能的平行宇宙很可能是从一个更大的母体宇宙中产生的。从远处看，母亲的宇宙就像一片平静的大海，但从近景看，它充满了沸腾的量子，不断波动。

2.宇宙是无限的，没有边缘

据说，我们现在生活的宇宙是由150亿—200亿年前的大爆炸形成的。根据大爆炸理论，最初的宇宙是由大量的微小粒子组成的均匀气体，它们在极高的温度下"爆炸"，膨胀的速度很快，进化了150亿年，成为现在的宇宙。

基于大爆炸理论，霍金提出宇宙是无限的，没有边界。他的宇宙模型也是一个封闭的、无限的有限四维空间。

1981年，霍金提出了"无限宇宙论"。在这一理论中，霍金指出，宇宙中的一切事物原则上都可以与任何其他个体分离，并且可以由物理定律独立地预测。在量子科学的意义上，宇宙本身是一个从无到有的过程；在经典意义上，宇宙没有起源。

3.时间和光不是一种东西

在爱因斯坦广义相对论中，光速是最快的，任何物体或信息都不能超过光速。对人类来说，光是一种无法理解的物质，在物理学的定义中，光是一种传递能量的手段。由于分子和原子的运动，光源能够发出光。简单地说，光沿着一条直线传播，它在传播过程中不需要任何介质。然而，由于介质的影响，光在传播过程中可能发生偏转，从而导致光的反射和折射。

时间是一个抽象的概念，它不受外界的影响，它用来描述事件的发生或物质运动参数的过程。宇宙大爆炸理论觉得，时间的终点是宇宙爆炸的奇点；依据爱因斯坦的狭义相对论，时间、空间、物质三者是不可分割的；霍金也认为，物质与时空并存，只要有物质存在，时间便会有意义。具体地说，时间是由能量的变化产生的。能量的膨胀和扩散称为"正时间"，正时间的通过速度与能量的膨胀和扩散速度成正比。相反，能量的积累和收缩被称为"负时间"。同样，能量的聚集和收缩速度与负时间的通过速度成正比。

4.时空观的发展和演化

在哲学意义上，时间和空间的存在用来表达事物的进化过程和秩序。它们都是绝对的概念，时间总是向前的，没有起点和终点，空间是生与死的抽象范围。在物理学中，时间

第十八章 科普读物《时间简史》

和空间是用来描述物体的物理运动的两个维度,成为物理学的两个基石。

大爆炸理论认为,时间的起点来源于宇宙爆炸的奇异性,而经典的时空观则表明时间在物体及其运动之外是独立存在的。一般说来,时间是物质存在的"连续"属性,空间是物质存在的"广泛"属性。

在对时间和空间的理解中,物理学分为三个阶段:经典力学阶段、狭义相对论阶段和广义相对论阶段。

20世纪初,物理学开始从经典力学转向量子理论。量子理论使人们更加深入地研究时间和空间。霍金对时间和空间的认知和了解即建立在爱因斯坦的狭义相对论和量子理论的根基之上,他觉得时间是由能量发生的,能量的变迁产生了时间,也就是说,从第一粒粒子产生运动的时候,时间就产生了。

在霍金宇宙理论中,他认为以前物理学家描述的奇点并不存在,宇宙的创造实际上是从欧几里得空间到罗克韦尔时空的量子

2002年,霍金客串《生活大爆炸》

宇宙之王霍金

转换，这是一个从零到存在的过程。所以没有奇点。时间是绝对的，它从无限的过去传递到无限的未来，而空间永远存在，没有边界。空间和时间是一个具有无限曲率的点，时间和空间是一个整体，它们是同时的，不可分割的。

时空旅行是在不同的时间段内，通过某种方式从一个空间转移到另一个空间，即穿越过去或未来。时间旅行是科学界讨论和研究的一个课题。关于时间旅行的可行性有两种不同的观点。

"时间旅行在理论上是可行的，人类可以为过去和未来开辟捷径，"霍金说。为了实现时间旅行，霍金认为人类首先应该接受时间作为第四维度的概念。

为了更好地解释第四维度，他举了一个例子：人们在陆地上驾驶汽车，而汽车在第一维度上前进和后退，左转或右转属于第二维度。如果你遇到一个山坡，向上或向下是第三维度，其余的时间是第四维度。时间旅行取决于第四维度的向前或向后实现。

霍金研究了时间旅行的可行性，认为人类可以通过三种方式实现时间旅行。

第一条路是穿过虫洞。虫洞是宇宙中可能存在的狭窄隧道，用来连接两个不同的时间和空间。根据霍金的理论，虫洞是穿过第四维空间的通道，虫洞是第五维空间。在我们生活的每一个方面，世界上都存在着许许多多的差距和漏洞。

同时也有许许多多的裂缝和孔隙，但它们很小。霍金认为，在未来，人类也许能够找到虫洞，通过科技手段将其放大，允许人类航天器通过它，那么人类将实现时间旅行。

　　实现时间旅行的第二种方法是通过黑洞。根据霍金的理论，黑洞是时间旅行的天然"载体"。银河系中有许多巨大的黑洞。这些巨大的黑洞会对时间产生很大的影响，而在它们周围，时间的速度会令人惊讶地放缓。这使它们成为一个自然的"时间机器"。如果宇宙飞船进入相应大小的黑洞，黑洞中的时间将相对于地球上的时间减少一半，也就是说参照黑洞中的时间，如果进入黑洞的宇宙飞船在黑洞内运行一年，那么它就离地球两年了。对于利用黑洞完成时间旅行，人们对黑洞仍然没有一个全面的认识，而接近黑洞的物质是非常危险的。

　　第三种实现时间旅行的方法是通过光速，光速是时间旅行的关键。光速是人类目前已知的宇宙中最快的速度，任何物体都无法达到光速。霍金认为，如果人类能够建造出速度接近或者超过光速的宇宙飞船，那么太空船由于无法违背光速最大的这一法则，就会导致太空船的时间变慢。霍金的设想当中，高速太空飞船在太空中飞行数年之后，其飞行速度将会达到光速的99%，这也就意味着在太空船上待一天，地球上就已经过去了一年，船上的乘客也就去到了未来。

宇宙之王 霍金

当然，霍金虽然提出了三种能够进行时间旅行的途径，但他也认为，在某种意义上，回到过去的旅行应该永远不会上演，时间机器只能带人们飞去未来，而不能回到过去。霍金表示，他对时间旅行深信不疑，他也相信，在不久的将来，人们会实现通向未来的时间旅行。

1988年，霍金在写《时间简史》时，把它定位为一本"科普读物"，也就是一本大多数人都能看懂的书。可惜霍金高估了"大多数人"的水平，由于书中内容极其艰涩，很多人买回家并不看，或者看两页就丢到一边落灰，因此被戏称为"读不来的畅销书"。

自从1988年出版以后，《时间简史》在畅销书排行榜上连续出现了237周，也就是四年半的时间，创下了历史纪录。

《时间简史》被译成40余种文字，出版逾1000万册，也就是说全世界每750个人就拥有一本《时间简史》。

第十八章　科普读物《时间简史》

成长加油站

爱因斯坦相对论的提出，解释了宇宙的演化过程。在这一经典框架里，霍金证明了奇点的存在。霍金认为，宇宙的基本状态是一种量子态，而空间和时间是一个有限无界的四维面，就如同地球的表面，只不过多了两个维度。而宇宙当中，所有的结构都可以用量子力学来解释，霍金的量子宇宙论也让宇宙学开始成为一门真正成熟的科学。

延伸思考

1. 霍金的著作《时间简史》包含哪些内容？

2. 你看过《时间简史》吗？

第十九章 探索外星生命

霍金认为，外星生命存在的理由非常简单。广阔无垠的宇宙，数以千亿的星系，每个星系当中都含有数以亿计的恒星。这样宏大的宇宙，地球不可能如此孤独，它不会是唯一拥有生命的星球。

霍金说，大多数的外星生命可能非常低端，但不排除高等智慧生命的存在，而这些高端生命的存在，对地球将会是一种威胁："如果外星人来拜访我们，我认为其结果就和当年哥伦布到达美洲大陆差不多，美洲的土著居民会深受其害。"

这就是霍金教授的"外星人威胁论"，他为此也强调，地球人与外星人接触"有点冒险"，所以我们应该设法避免与他们接触，否则

2017年，霍金预言2600年能源消耗增加，地球或将变成"火球"

可能会给地球带来毁灭性的灾难。

1. 外星人存在的可能性很大

霍金对宇宙科学的研究取得了突破性的成绩，他对外星人的研究也取得重大的成果。他在很多场合以及发表的文字中表示，外星生命是存在的，它们存在于宇宙的许多地方，既有可能生活在行星或者恒星之上，也有可能飘浮在宽广无垠的宇宙当中。

霍金这一外星人存在论的提出是有依据的，据人类目前所知，宇宙当中有大约1000亿个银河系，每个银河系之内都会包含成千上亿的行星，在这样的无数个庞大的空间内，能够演化出生命的行星应该不会只有地球一个。

而且，截至2010年，人们已经发现除了太阳系之外的424颗行星，这些行星当中有很多类似地球的行星，它们都有可能是构成外星生命的物质基础。所以，霍金认为，存在外星人的可能性非常大。

2. 存在外星生命的证据

霍金除了对数学和宇宙领域有很大的研究，做出了巨大的贡献之外，在对外星人的研究上也有着很大的成果。尤其是一些关于外星人的理论，更是语出惊人，可是这些理论却被渐渐证实。

首先，很多事实证明月球很有可能存在外星人。月球的起源是一个谜，传统观念认为，月球是地球的卫星。在银河

系中，行星拥有卫星是一种比较常见的现象。

但是迄今为止，月球上有很多未解之谜。除了月球之外，科学家认为最有可能存在外星生命的星球就是火星。火星是太阳系中的第四颗行星，属于类地行星。火星上是否存在适合生命生存的物质，一直是人类试图揭开的谜底。对于这个疑问，科学家给出了肯定的答案，火星基岩样品的分析显示，火星的古代环境确实适合生命存在。

2015年7月，科学家在距地球1400光年的太阳系之外，发现了一颗与地球极其相似的行星。这颗行星无论是尺寸、轨道还是围绕的恒星，以及现在的生命，都与地球惊人的相似。而银河系中，与地球类似的可能存在外星文明的星球数量高达百万个。

3.外星生命威胁论：人类应避免与外星人接触

一直以来，人们对地外文明就充满各种幻想，科学家也一直向太空发射各种信息，企图能够和外星人取得联系。但是毕生研究宇宙学的霍金却一直反对人类接触外星人，他认为，地球人应该避免与外星人接触，外星文明未必如我们所想象的那么美好和友善，甚至可能与我们的预期恰好相反，与它们接触联系很有可能给地球带来巨大的灾难。

霍金表示，外星人对人类造成威胁的可能性非常大，人类不应该主动寻找它们，而应当尽一切可能和努力避免与外星人接触，否则将会给自己的生活带来灾难。所以，人类如果主动与外星人接触就过于冒险。

4.未解之谜:"疯狂"的外星人

霍金的外星人理论,让宇宙更增添了一种神秘和科幻的色彩。对于外星人的研究,也一直是人类需要面对的重点课题。当今世界上,许多和外星人有关的未解之谜,促使人们不断地去思考和深入研究。

(1)中国的罗布泊可能是外星人的基地

罗布泊是我国新疆维吾尔自治区东南部的一个湖泊,被称作"死亡之海"。在罗布泊,前后一共进行过45次核试验。罗布泊也发生过很多诡异事件,出现过很多未解之谜,这为罗布泊蒙上了一层神秘的面纱。

据此,也有很多人推断,罗布泊地区在很久以前,曾具有相当发达的文明,其文明程度甚至远远超过了当代,例如传说中的楼兰古国。也有观点表示,彭加木带领的综合考察队所发现的工程设施,很有可能是外星人在地球创建的基地,而彭加木的失踪很有可能是因为他掌握了很多不能被地球人知道的秘密,所以被外星人拘禁了

2007年,霍金体验零重力飞行,兴奋道:"太空,我来了!"

起来。

（2）神秘的月球

月球一直作为地球的卫星而存在，但是很多数据表明，月球未必如卫星那样简单。月球之所以神秘，还在于地球和月球之间的潮汐力，使月球总是同一面朝向地球，它的另一面，在地球上却始终不能完整地看见。

如今，更有观点认为，月球不是自然形成的地球卫星，而极有可能是某种高度发达的智慧生物制造出来的星体，是外星人用来监视地球的空间站。

（3）"上帝"可能是外星人

"上帝"并非是至高的神，而是外星人。一些专家认为，在几十亿年以前，一批具有高等智慧的外星人来到了地球，但是或许因为燃料耗尽，或许因为地球引力，总之，因为种种原因，它们没有办法离开地球。于是，这些外星人决定留在地球，并试图创造一种新人种。

考古专家发现了一些人的头骨，这个头骨的研究结果表明，这个头骨的智慧要远远高于当今的人类，也就是说，这个头骨很有可能就是当时来到地球的外星人之一。在印欧民族宗教当中，"天主"一词的语根是"照耀"的意思，而且在《圣经》当中，"上帝"一词在古希伯来语中的意思是"来自天空的人类"，意思更加明确。

第十九章　探索外星生命

成长加油站

霍金认为,浩瀚宇宙中存在外星生命的推论是完全合理的。比人类更早诞生的外星智慧生命是完全有可能存在的。如果人类只是静静接收来自于宇宙的信号,这不会让外星文明知道地球的存在,人类也就相安无事。然而,如果人类主动向宇宙中发送信号去联系外星人,这将会是一种冒险的行为。

延伸思考

1. 霍金认为,地球之外很有可能存在外星生命,有何根据?

2. 想一想,外星人是什么样子?

第二十章　霍金的科学预言

霍金的预言指的是著名物理学家斯蒂芬·霍金在2011年接受著名知识分子视频分享网站BigThink的采访时所说的话。在采访中，霍金说，地球将在200年内被摧毁，如果人类想生存，只有一种方式——移民外星。

消息一出来，引起了人们热烈的讨论。有学者认为，这一预测更多是基于相关的科学依据，应被理解为霍大师对人类的一条忠告，而另一些学者则理解为"危言耸听"。但大多数网民的"末日情绪"被重新点燃。那么，我们应该如何看待和理解霍金的预言呢？也许从他的一些谈话和想法中，我们可以有所了解。

1. 地球200年内会毁灭，人类只能移民外星

霍金在接受一家网站采访时，预言地球在200年内可能会毁灭，而人类如果想要继续生存，就只有一条出路——移民外星。

下面的一段话是霍金在接受采访时的原话：

"人类在未来数百年里必须认真考虑自己的生存问题，

我看到了人类的危险。过去曾出现过多次人类的生存危机，发生类似情况的频率还会增加，我们需要十分谨慎地避免这类危机。但我是一个乐观主义者，如果人类在未来200年间能成功向外太空扩张，那么我们就能避免灾难。

2010年的早些时候，我曾警告说，人类在努力与外太空其他生命形式建立联系时应当谨慎小心，因为我们不能确定它们是否会对人类表示友好。如果我们是这个星系中唯一的智能生命体，我们应该确保自己得以生存和延续。

但面对地球的有限资源和呈指数形式增长的人口数量，我们长期生存的唯一机会不是留在地球，而是向外太空寻找出路。在过去的一百年里，我们的科学技术取得了卓越的成就，如果我们想延续进步，就不得不放眼外太空，这也是我大力支持载人航天飞行研究的原因。"

这段话被曝出之后，网上对此展开了激烈的讨论，既有人认为霍金的话是危言耸听，也有人表示霍金的预言是真实的。其实早在霍金之前，就曾出现过很多关于世界末日的预言，而霍金的说法不禁再次引发了很多导致世界末日、地球毁灭的猜想。

2. 人工智能是导致人类终结的凶手

霍金曾经警告过人工智能。他认为，智能技术将严重威胁人类，随着科学技术的发展，人工智能将学会独立思考，适应环境，人类的未来将面临人工智能的诸多威胁。虽然人

工智能现在被认为是一种有益于人类的技术，但一旦它们摆脱了人类的控制，它将成为人类面临的最大威胁。为此，霍金还在《独立报》上发表了一篇文章，评论了约翰尼·德普主演的关于人工智能的电影《超验骇客》。

通过这部电影，我们可以看到未来人工智能可能超越人类的后果。霍金说，如果这部电影被视为科幻小说，而不真正关注人工智能对我们未来的影响和后果，这种行为可能成为人类历史上最大的错误。

霍金一直对人工智能表示关注和担忧。他甚至认为人工智能的出现是人类历史上最大的错误。在霍金看来，人工智能具有无限的潜力。只要时机合适，人工智能就能超越人类的智慧，摆脱人类的控制。人工智能机器人的成功制造将是人类历史上的一个里程碑。不幸的是，这也许是我们历史上的最后一个里程碑，除非我们学会如何避免这种风险。霍金认为，人工智能的发展将导致人类的终结。

越来越多的人开始担心人工智能带来的威胁。根据英国的一项社会调查，近80%的人认为人工智能将对人类未来100年的生存构成威胁。像霍金一样，马克斯认为人工智能是对人类最大的威胁，他相信未来人工智能将成为超级机器人的宠儿。霍金更是直接地说，未来人工智能将继续发展，这样一场重大的技术灾难将威胁到人类的发展和生存。"在未来100年内，将人工智能结合在一起的计算机将变得比人类更聪明。那时，我们需要确保计算机与我们的目标保持一致，我们的未来取决于科技力量的增长与我们使用它的智慧之间的竞争。"

3. 2030年太阳休眠，地球末日来临

太阳休眠是指一个太阳周期被中断的时期。太阳活动包括太阳黑子、黑子和耀斑等一系列现象。太阳黑子是太阳活动最基本的标志，耀斑是太阳活动最强烈的标志。太阳周期是太阳行为的循环和变化。在观测中，太阳周期只有11年和22年两种，这是可以清楚地观察到的。在11年的周期内，太阳黑子将逐渐增加或减少。但光点没有明显变化。在22年的周期中，太阳的磁场扭曲。

换句话说，太阳黑子活跃了11年，太阳极每22年变化一次。在太阳周期的最初几年里，太阳的最外层经常产生急流。根据记录，太阳最近的周期是在2009年，根据太阳活动的模式，太阳将在2030年开始其下一个周期。虽然没有科学家为此做出明确的解释，但从科学家的观察证据表明，太阳在未来可能进入一个"休眠期"。

太阳进入"休眠期"的最大影响是太阳周期可能被迫中断。到2030年，太阳黑子将继续消失数年甚至数十年，这将导致地球温度下降，最终导致一个小冰河期。

所谓的"小冰河期"，实际上是地球上一个相对寒冷的时期，到2030年太阳活动将下降60%，对地球的最大影响是

出现极端天气的频率增多。早在1645年，地球上就有一个小冰河期，那时伦敦的泰晤士河都被冻结。

对此，霍金预言，太阳的变化可能会对地球产生毁灭性的影响，这可能在太阳休眠后的10年内结束。那时，即使少数人可以逃离地球，但他们将无法离开太阳系，地球上所有的生物物种都将灭绝。

霍金客串《星际迷航》

4.外星人能毁灭全人类

霍金确信地外生命存在于地球之外，并且已经被科学证实。但是在科幻小说中，外星人并不那么友好，它们总是攻击地球。这些外星人大多来自火星，少数来自银河系以外的物种。随着人类对地球威胁的恐惧增加，对外来入侵的恐惧也随之增加。

有很多科学观点认为科幻小说中的场景不仅仅是想象，如果人类不认真对待它们，这些画面很可能会变成现实。著名科学家霍金甚至预言外星人可以毁灭全人类。霍金认为，外星生命的存在几乎可以肯定是多种多样的，2010年，他公开谈论一个先进的外星文明可以毁灭整个人类。

5.基因科技将改良人种

2006年1月,霍金参加了在印度孟买举行的一次研讨会,他在会上就"未来的科学"发表了演讲。在他的演讲中,霍金告诉在场的3000多人,无论人类是否喜欢,必须在下一个千年之前设计出一种改良的人类品种,届时人类将"重生"。他还预测,在未来几百年内,人类将在子宫外培育胚胎,并将出现新的种族。此外,人类基因将以极快的速度变得更加复杂,改善人类的进程将是有问题的,但也将促进不同民族之间的相互理解和接受。

在这篇演讲中,霍金预言,改良后的种族已经存在,现在科学界称之为"人类遗传工程"。事实上,"人类遗传工程"是人类对自己基因的改进。重建整个基因组的科学研究,可以说,人类遗传工程正在逐渐使科幻成为现实。

宇宙之王霍金

成长加油站

霍金预言地球将在200年内毁灭，而人类要想继续存活只有一条路：移民外星球。霍金的"200年内地球毁灭"的预言可能并不精确，而应该理解为"霍大师对人类的一个忠告"。地球只有一个，人类及地球上的万物是需要在地球上不断繁衍生息的，即使想要脱离地球到其他适宜的星球上生存，也几乎是不可能的。所以，我们从小要保护地球，珍惜地球。

延伸思考

1. 霍金的科学预言包含哪些方面的内容？

2. 保护地球，珍惜地球，我们应该从哪些小事做起？